상담자를 위한 실용적 가이드

가상현실 상담 및 심리치료

김은하 · 석혜정 · 안현주 · 이영진 · 장미수 · 조민경 공저

Virtual Reality Counseling and Psychotherapy

A Practical Guide for Counselors

학지사

이 저서는 2023년 대한민국 교육부와 한국연구재단의 지원을 받아 수행된 연구임
(NRF-2023S1A5C2A02095195)

머리말

최근 몇 년 사이, 심리상담 현장에도 가상현실(Virtual Reality, 이하 VR) 기술이 빠르게 소개되고 있습니다. 상담자들 사이에서도 VR을 활용한 상담 기법에 대한 관심이 점차 높아지고 있는 것 같습니다. 하지만 막상 VR 상담을 도입하려고 하면 기술적인 부담, 장비 선정의 어려움, 적절한 활용 방법에 대한 정보 부족 등으로 막막함을 느끼게 됩니다. 상담자로서 "관심은 있지만 어디서부터 시작해야 할지 모르겠다."라는 고민을 여러 현장에서 들으며, 저 역시 이 분야에 대한 실용적 안내서가 필요함을 절감하게 되었습니다.

이 책은 VR 상담에 관심은 있지만 아직 익숙하지 않은 상담자들이 보다 쉽게 이 분야를 이해하고 실제 상담 장면에 활용할 수 있도록 돕기 위해 집필되었습니다. 복잡한 기술적 설명보다는 상담자 입장에서 꼭 알아야 할 핵심적인 개념, 장비 선택법, 상담실 환경 구축, 실제 적용 사례와 주의 사항 등을 중심으로 구성하였습니다. 특히 이 책에서는 안정화 기법, 행동활성화, 노출 치료, 게슈탈트 치료, 사회적 기술 및 공감 능력 향상 등 실제 상담 현장에서 활용할 수 있는 VR 기반 개입 기법들을 구체적으로 소개하고, 각 기법별로 장단점과 활용 사례를 담았습니다. 또한 AI와 확장현실(Extended Reality, 이하 XR)이 결합된 상담의 미래 가능성과 상담자라면 반드시 숙지해야 할 윤리적 쟁점도 함께 다루었습니다.

VR 상담은 여전히 새로운 영역입니다. 하지만 상담의 본질은 변하지 않습니다. 이 책이 상담자로서 여러분이 쌓아 온 임상적 역량과 전문성을 바탕으로, 새로운 기술을 부담 없이 접목해 볼 수 있는 작은 디딤돌이 되기를 바랍니다. 새로운 상담 환경으로의 첫걸음을 준비하시는 분들께 실질적인 도움이 되기를 진심으로 바랍니다.

대표 저자 김은하

차례

제1장

가상현실 기술과 상담의 만남

이 장에서는 가상현실(Virtual Reality: VR) 기술이 상담 분야에 어떻게 접목되고 있는지를 소개하고자 한다. 먼저 VR의 핵심 요소인 실재감, 상호작용성, 실시간성, 신체소유감에 대해 설명하고, VR 기술의 발전 과정을 간략히 정리한다. 이어서 VR 상담의 정의와 장점, 한계점을 살펴보고 다양한 심리치료 기법과의 융합 사례를 다룬다. 특히 불안, 우울, 외상 후 스트레스 장애, 강박, 중독, ADHD 등 여러 심리 문제에 대한 VR 활용 사례를 구체적으로 제시하고자 한다.

1. 가상현실(VR)

1) VR의 개념

VR은 컴퓨터 기술을 이용하여 현실과 유사하거나 완전히 새로운 환경을 창조하는 기술을 의미한다. 사용자는 VR 기기(예: 헤드셋, 컨트롤러)를 착용하고 가상 공간에 몰입하여 실제처럼 움직이거나 상호작용할 수 있다. 일반적으로, VR의 핵심 요소는 현존감(presence), 상호작용성(interactivity), 실시간성(real-time rendering), 신체소유감(body ownership)이다. VR은 단순한 시뮬레이션을 넘어 사용자의 감각과 인지에 영향을 미치는 몰입형 기술로, 의료, 교육, 훈련, 심리치료 등의 다양한 분야에서 활용되고 있다.

(1) 현존감

현존감이란 사용자가 가상 환경 속에 실제로 존재하는 것처럼 느끼는 경험을 의미한다. VR이 화면 시청과 다른 점은, 사용자가 가상의 세계에 '들어가 있다'는 느낌을 갖게 한다는 점이다. 가상 환경에서 현존감을 높이기 위해 시각뿐만 아니라 청각(3D 오디오), 촉각(햅틱 피드백[1]), 공간적 움직임(룸 스케일 트래킹[2]) 등 다양한 감각적 요

1) 햅틱 피드백(Haptic Feedback): VR에서 촉각적 반응을 제공하는 기술로, 컨트롤러, 특수 장갑, 슈트 등을 통해 진동이나 압력과 같은 감각을 전달한다. 이를 통해 사용자는 시각과 청각뿐만 아니라 손이나 몸을 통한 촉각적 경험까지 할 수 있다. 예를 들어, VR 게임에서 칼을 휘두르거나 총을 발사할 때 컨트롤러가 진동하는 것이 햅틱 피드백의 대표적인 예시이다.

소가 함께 활용된다.

예시

- 가상 등산 체험: 사용자가 VR 헤드셋을 착용하고 VR 속 산 정상에 서 있으면, 발아래 펼쳐진 풍경과 함께 귀에서 들리는 바람 소리, 발밑에서 느껴지는 바위의 거친 질감, 고소공포를 자극하는 깊이감이 더해져 실제 높은 곳에 있는 듯한 기분을 느낀다.
- VR 공포 체험: 사용자가 VR에서 어두운 복도를 걸을 때, 멀리서 들리는 희미한 속삭임 소리, 손전등을 비췄을 때 벽에 드리운 그림자, 뒤에서 누군가가 '툭'하고 어깨를 건드리는 듯한 진동이 더해지면, 사용자는 긴장감과 공포를 느끼며 반사적으로 몸을 움츠리게 된다.
- VR 자동차 운전 체험: 사용자가 VR 자동차 운전석에 앉으면, 페달을 밟을 때의 발 감각, 스티어링 휠의 반응, 주변 도로의 풍경, 그리고 실감 나는 엔진 소리까지 더해져 마치 실제로 운전하는 듯한 경험을 할 수 있다.
- VR 스카이다이빙 체험: 사용자가 비행기에서 뛰어내리는 순간, 급격히 변하는 풍경, 귀를 스치는 강한 바람 소리, 몸이 붕 뜨는 듯한 느낌이 결합되면 아찔한 스릴을 경험할 수 있다.

---

2) 룸 스케일 트래킹(Room-Scale Tracking): 사용자의 실제 움직임을 VR 환경에 그대로 반영하는 기술이다. 이 기술을 활용하면 사용자가 현실에서 걸어 다닐 때, VR 속에서도 동일한 이동이 가능해진다. 예를 들어, VR 방 탈출 게임에서 사용자가 방 안을 걸으며 단서를 찾거나 문을 여는 동작을 하면, 가상 공간에서도 동일한 행동이 반영되어 보다 현실감 있는 경험을 제공한다.

(2) 상호작용성

상호작용성은 사용자가 VR에서 단순히 '보는 것'에 그치지 않고 자유롭게 탐색하고 조작할 수 있도록 하는 기능이다. 가상 환경에서 상호작용성이 높을수록 사용자는 더욱 몰입하게 되고, 현실과 비슷한 경험을 할 수 있다.

예시

- VR 게임에서 물리적 조작: 사용자가 손 컨트롤러를 이용해 가상의 물건을 집고, 던지고, 조립하거나, 도구를 사용해 퍼즐을 푸는 등의 행동을 할 수 있다. 예를 들어, VR 서바이벌 게임에서는 벽돌을 하나하나 쌓아 구조물을 만들거나, 활을 쏘고, 총을 장전하는 등의 세밀한 조작이 가능하다.
- VR 회의실에서 실시간 협업: 사용자가 아바타 형태로 입장하여 동료들과 대화할 뿐만 아니라, 화이트보드에 직접 글씨를 쓰고, 가상의 문서를 손으로 집어 테이블 위에 올리거나, 슬라이드를 넘기며 발표를 진행할 수 있다. 이러한 상호작용을 통해 참가자들은 실제 회의에 참여하는 것처럼 능동적으로 협업할 수 있다.
- VR 의료 실습에서 외과 수술 연습: VR에서 수술 도구를 직접 선택하고, 절개 부위를 조작하며, 올바른 각도로 봉합하는 등 실제 수술과 유사한 조작을 수행할 수 있다. 단순히 수술 과정을 관찰하는 것이 아니라, 사용자의 조작에 따라 결과가 달라지고 실시간 피드백이 제공되므로, 더욱 현실적인 실습이 가능하다.
- 심리치료에서의 활용: 불안장애 환자는 VR에서 점진적으로 공포 상황(예: 높은 곳, 밀폐된 공간)을 경험하며 노출 치료를 받을 수 있다. 환자는 단순히 공포 영상을 보는 것이 아니라, VR에서 직접 버튼을 눌러 문을 열거나, 높은 곳으로 걸어가 보는 등의

행동을 수행하며 불안감을 조절하는 연습을 할 수 있다.

(3) 실시간성

실시간성은 사용자의 움직임과 행동이 즉각적으로 VR에 반영되는 것을 의미한다. 현실에서 우리가 머리를 돌리면 시야가 자연스럽게 바뀌는 것처럼, VR에서도 즉각적인 반응이 이루어져야 사용자에게 자연스럽고 몰입감 있는 경험을 제공할 수 있다. VR 시스템의 실시간성이 높을수록 사용자는 현실과 유사한 경험을 하게 되며, 반대로 반응 속도가 느리면 움직임과 화면 변화 사이의 딜레이로 인해 몰입감이 낮아지고, 심한 경우 사이버 멀미가 나타날 수 있다.

예시

- 헤드 트레킹: 사용자가 VR 헤드셋을 착용하고 고개를 왼쪽으로 돌리면, 화면도 즉시 왼쪽 방향으로 전환된다.
- VR 쇼핑몰의 가상 피팅: 사용자가 원하는 옷을 클릭하면, 즉시 자신의 아바타(또는 실시간 촬영된 본인의 몸)에 옷이 입혀지고, 다양한 각도에서 자신의 모습을 확인할 수 있다. 또한 다른 스타일의 옷을 선택하면 실시간으로 적용되어 빠르게 비교할 수 있으므로, 실제 쇼핑과 유사한 경험을 할 수 있다.
- VR 피트니스 트레이닝: 사용자가 팔을 뻗거나 점프하는 동작이 즉각적으로 감지되어 가상 트레이너가 실시간으로 피드백을 제공할 수 있다. 예를 들어, 동작이 정확하면 "잘했어요!"라는 피드백이 나오고, 자세가 틀리면 "팔을 더 높이 들어 보세요." 같은 조언이 즉각 전달된다.
- VR 회의 및 협업 도구: 가상 회의실에서 사용자가 손을 들어 질문하면, 다른 참가자들이 즉시 이를 볼 수 있으며, 발표자가 실

시간으로 반응할 수 있다. 또한 프레젠테이션 화면을 실시간으로 공유하고, 가상의 문서를 함께 편집하는 등 실제 회의와 유사한 협업을 할 수 있다.

(4) 신체소유감

신체소유감은 VR 속의 아바타나 가상 인간의 신체가 '내 것'처럼 느껴지는 감각을 의미한다. 예를 들어, VR에서 사용자가 자신의 손을 보고 움직일 때, 그것이 실제 자신의 손처럼 자연스럽게 느껴진다면 신체소유감이 높은 것이다. VR에서 신체소유감이 제대로 구현되지 않으면 사용자는 몰입감을 느끼기 어려워지고, 자신의 움직임과 가상 신체 간의 불일치로 인해 어색함이나 이질감을 경험할 수 있다. 이를 방지하기 위해, 최신 VR 기술에서는 손과 손가락 움직임을 정밀하게 추적하는 핸드 트래킹(Hand Tracking), 얼굴 표정을 반영하는 페이셜 트래킹(Facial Tracking), 신체 감각을 재현하는 햅틱 피드백(Haptic Feedback) 등의 기술이 개발되고 있다.

예시

- 사용자가 VR에서 손 컨트롤러를 움직이면 가상의 손도 움직이며 마치 자신의 손처럼 느껴진다. 예를 들어, VR에서 물건을 집거나 도구를 조작할 때, 손의 움직임과 가상 손의 움직임이 일치하면 신체소유감이 강하게 형성된다.
- 팬텀 림(Phantom Limb) 치료: 팔이나 다리를 절단한 환자가 VR에서 가상의 팔을 움직이는 경험을 통해 통증을 완화하는 치료 방법이 있다. 신체소유감이 발현되면서 환자는 실제로 존재하지 않는 팔다리를 VR에서 움직일 수 있다고 느끼게 되며, 이를 통해 신경계에서 팬텀 림 통증이 감소하는 효과가 나타난다.

VR은 단순한 가상 환경이 아니라, 사용자가 몰입하고 상호작용하며 신체적 존재감을 느낄 수 있도록 설계된 기술이다. VR의 핵심 요소인 현존감, 상호작용성, 실시간성, 신체소유감은 사용자의 경험을 더욱 현실적으로 만들어 준다. 이러한 요소들이 효과적으로 구현될 때, VR은 게임뿐만 아니라 심리치료, 교육, 훈련, 재활치료 등 다양한 분야에서 유용한 도구로 활용될 수 있다.

2) VR 기술의 역사와 발전

VR 기술은 본격적으로 1980년대 이후 발전하기 시작했다. 초기에는 군사 훈련이나 항공 시뮬레이션과 같은 특수한 목적으로 개발되었지만, 이후 컴퓨팅 성능 향상과 디스플레이 기술의 발전으로 인해 게임, 교육, 의료, 상담 등 다양한 분야로 확장되며 대중적인 기술로 자리 잡았다. 특히 최근에는 심리상담과 치료 분야에서도 적극적으로 활용되면서, 상담자들에게도 중요한 기술로 주목받고 있다. VR 기술의 역사와 발전을 간략하게 살펴보면 다음과 같다.

(1) 1960년대: VR 기술의 초기개념 등장

- 1957년에 최초의 헤드 마운트 디스플레이(Head-Mounted Display: HMD)인 'Sensorama'가 등장했다. 이 기기는 시각, 청각, 촉각을 자극하여 몰입형 경험을 제공하려 했지만, 당시 기술적 한계와 상업적 실패로 인해 대중화되지 못했다.
- 1968년에 컴퓨터 그래픽 기반 VR 시스템 'Sword of Damocles'가 개발되었다. 이 기기는 현대적인 HMD의 원형으로 평가받지만, 무겁고 크기가 커서 실제 사용에는 한계가 있었다.

- 이 시기 VR은 주로 군사 훈련 및 항공 시뮬레이션 용도로 연구되었으며, 조종사 교육 및 전투 훈련과 같은 위험을 줄이기 위한 목적으로 일부 활용되었다.

(2) 1980~1990년대: VR 연구 활성화 및 초기 상업적 시도

- 1985년에 Jaron Lanier가 'Virtual Reality'라는 용어를 대중화하면서 VR이 학계와 산업계에서 주목받기 시작했다.
- NASA와 군사 기관에서 VR 기술을 활용하여 우주비행사 훈련과 전투 시뮬레이션을 개발하며 관련 연구가 활발해졌다.
- 1990년대 초반에 VR이 상업 시장에 진출하려는 시도가 이루어졌으나, 높은 비용과 기술적 한계(예: 낮은 해상도, 높은 지연율)로 인해 대중화에는 실패했다.

심리치료에서 VR의 초기 활용 사례

- 1990년대 후반부터 외상 후 스트레스 장애(PTSD) 치료를 위한 VR 연구가 시작되었다. 예를 들어, 미국 국방부와 심리학 연구자들은 전쟁으로 인한 PTSD 치료 방법으로 VR 기반 노출 치료(Virtual Reality Exposure Therapy: VRET)를 연구하기 시작했다. 초기 연구에서는 베트남전 참전 군인을 대상으로 VR에서 전쟁 장면을 재현하여 점진적으로 트라우마를 다루는 치료를 시행하였다.
- 2000년대 초반에는 'Virtual Vietnam' 프로젝트가 시행되었다. 이 프로젝트에서는 베트남전 참전 용사들이 VR에서 헬리콥터 소리, 총격전, 폭발음에 점진적으로 노출되는 콘텐츠를 경험하면서 치료가 진행되었다. 그 결과, VR 노출 치료가 기존의 전통적인 상담(예: 심리교육, 인지행동치료)보다 PTSD

증상 감소에 효과적이라는 결과가 보고되었다. 이후, 9 · 11 테러 생존자 및 군인 PTSD 치료에도 VR이 활용되었다.

– VRET가 불안장애 및 공포증 치료에도 효과적이라는 초기 연구 결과가 보고되었다.

(3) 2010년대: 상업적 성공과 심리치료 분야 확장

- 2010년에 Oculus Rift의 등장으로 VR 기술이 급격히 발전하기 시작했다.
- 2014년에 Facebook이 Oculus를 인수하면서 VR 기술 개발이 더욱 가속화되었고, 이후 HTC Vive, PlayStation VR 등 다양한 소비자용 VR 기기가 출시되었다.
- VR 기술이 상업적으로 성공하면서 게임뿐만 아니라 교육, 의료, 산업 분야 등 다양한 영역으로 활용 범위가 확장되었다.
- 2010년대 이후, VRET는 더욱 정교해졌으며, 치료 과정에서 생체 신호(예: 심박수, 땀 반응)를 실시간으로 분석하여 내담자의 불안 수준을 측정하고 맞춤형 노출 치료를 제공하는 연구가 진행되었다. 기존의 VRET가 고정된 시나리오에 의존했다면, 생체 신호 기반 VRET는 실시간 내담자의 반응에 따라 치료 강도를 조절할 수 있다는 장점이 있다.

(4) 2020년대: AI와 결합된 VR 상담 기술의 발전

- VR 기술이 AI 기반 가상 상담사와 결합되면서, 실제 상담자가 없는 환경에서도 VR 상담이 가능해지고 있다.
  – 기존의 VR 기반 상담에서는 상담자가 직접 개입을 해야 했지만, 최근에는 AI 상담사가 내담자의 감정 상태를 분석하고

실시간으로 반응할 수 있도록 개발되고 있다.

– 예를 들어, 'Ellie'라는 AI 상담사는 내담자의 표정과 목소리 톤을 분석하여 내담자의 감정을 예측하고 이에 맞는 공감적인 피드백을 제공한다.

• AI 상담사는 내담자의 표정, 음성, 행동 데이터를 분석하여 맞춤형 반응을 제공하며, 스트레스, 불안 수준을 모니터링하는 기능도 갖추고 있다.

– AI 기반 VR 상담 분야에서는 뇌파(EEG), 심박수, 땀 반응(GSR) 등의 생체 신호를 실시간으로 측정하여 내담자의 심리 상태를 분석하고, 이에 맞춰 상담 내용을 조정하는 기술에 관한 연구가 진행되고 있다. 예를 들어, MIT Media Lab에서는 AI와 VR을 결합한 감정 인식 상담 프로그램을 개발하여, 내담자가 VR에서 편안한 대화를 나누도록 유도하고, 불안 수준이 높아지면 자동으로 심호흡이나 이완 기법을 안내하는 기능을 추가했다.

• 최근 연구에서는 VR이 우울이나 불안장애뿐만 아니라 섭식장애 치료, 알코올 중독 치료에도 효과적이라는 결과가 보고되고 있다. 이에 따라 향후 심리상담 분야에서 VR의 활용이 더욱 활발해질 것으로 예상된다.

2. VR 상담

가상현실 상담(Virtual Reality Counseling, 이하 VR 상담)은 VR 기술을 활용하여 심리적 문제를 탐색하고 치료하는 상담 방식이다. VR 상담은 HMD를 착용한 내담자가 컴퓨터로 생성된 가상 환경 속에서 실제 상황과 유사한 경험을 하며 진행된다. VR 상담의 특징은 기존 대면 상담과 달리, 내담자가 가상의 환경에서 문제 상황을 체험하고 단계적으로 적응해 나갈 수 있도록 돕는다는 점이다. 예를 들어, 고소공포증을 가진 내담자가 가상의 고층 빌딩에서 점진적으로 높은 곳에 노출되거나, 사회불안을 가진 사람이 가상 회의실에서 발표를 연습하며 발표 기술을 익힐 수 있다. VR 상담은 기존 상담 기법과 결합하여 활용될 수 있는데, 특히 인지행동치료, 게슈탈트 치료, 이완 훈련, 심리교육 등과 함께 사용된다.

1) VR 상담의 장점

(1) 효과적인 노출 치료

- 공황장애, PTSD, 특정공포증(예: 비행공포, 고소공포, 대인공포)을 치료할 때 VRET는 상상 기반 노출 치료 보다 더 효과적일 수 있다. 특히 불안이나 공포 증상이 심한 내담자의 경우, 관련 상황을 생생하게 상상하기 어려워하기 때문에 VR을 활용한 노출이 보다 현실적인 치료 방법이 될 수 있다.
- VRET는 직접적인 노출보다 더 안전하게 진행될 수 있다. 내담

자들을 불안하거나 두려워하는 실제 상황에 바로 노출시키면, 오히려 불안이나 공포 반응이 더욱 강화될 위험이 있다. 반면, VRET에서는 치료실이라는 안전한 환경 내에서 VR을 활용하여 점진적으로 노출을 실시할 수 있으며, 상담자가 시작부터 끝까지 강도를 조절할 수 있다.

- VR 환경을 한 번 구성해 놓으면, 간단한 수정 및 보완을 통해 내담자를 단계별로 불안 및 공포 자극에 노출시킬 수 있어 비용이나 시간 사용에서 더욱 효율적이다.

(2) 미해결된 관계 갈등 및 의사소통 연습

VR 상담은 가족, 친구, 직장 상사 및 동료 등과의 갈등을 안전한 환경에서 탐색하고, 효과적인 의사소통 방식을 연습하는 데 유용하다. 가상 환경을 활용하면 실제 대면 상황보다 심리적 부담을 줄이면서 감정을 표현하고 건강한 대화 방법을 익힐 수 있다.

예시

- 가족 간의 갈등 해결 연습: 부모와 갈등이 있는 내담자가 VR에서 부모 캐릭터와 대화하며 자신의 감정을 표현하고, 더 나은 의사소통 방식을 연습할 수 있다.
- 직장 내 대인관계 문제 해결: 내담자가 VR에서 상사나 동료 캐릭터와 대화하면서 적절한 대화 방식과 갈등 해결 전략을 연습할 수 있다.
- 이별 후 감정 정리: 연인과의 관계가 끝난 후 감정적으로 정리가 되지 않은 내담자가 VR에서 가상의 연인 캐릭터와 대화를 나누며 자신의 감정을 표현할 수 있다.

(3) 맞춤형 치료 제공 및 생체 데이터 활용

VR 상담은 AI 및 생체 신호 분석 기술과 결합하여 내담자의 심리 상태를 보다 구체적으로 측정하고 이에 맞춘 맞춤형 치료를 제공할 수 있다.

예시

- 노출 치료에서 심박수, GSR, EEG 데이터를 실시간으로 분석하여 내담자의 불안 수준을 측정하고 점진적으로 자극의 강도를 조절할 수 있다.
- HMD에 측정된 내담자의 표정과 목소리를 분석하여 이에 맞는 공감적인 피드백을 제공할 수 있다.

(4) 실생활 적용 강화

- 기존의 대면 상담에서는 내담자가 상담 중 배운 대처 기술이나 의사소통 방법을 실제 생활에서 실천하기 어려운 경우가 많다. 상담실에서는 상담자의 안내를 받으며 관련 기술을 연습할 수 있지만, 실제 상황에서는 기존의 습관으로 되돌아가거나 새로운 기술을 적용할 기회가 부족할 수 있다.
- VR 상담에서는 현실과 유사한 환경에서 반복적인 연습이 가능하기 때문에 내담자는 상담에서 배운 기술을 실생활에서도 자연스럽게 적용할 수 있다.

예시

- 사회불안장애 치료: 기존 상담에서는 상담자가 대화법을 가르치고 역할극을 진행하기 때문에 실제 낯선 사람과의 대화에서 연습할 기회는 부족하다. 반면, VR 상담에서는 내담자가 가상의 커피숍, 회의실, 모임 장소에서 실제 사람처럼 반

응하는 가상 캐릭터들과 대화 연습을 할 수 있다. 이를 반복하면 실제 생활에서도 자신감을 갖고 대화를 시도할 가능성이 높아진다.

– 분노 조절 훈련: 기존 상담에서는 상담자와 함께 분노 조절 기법을 배우고 연습하지만, 화가 나는 실제 상황에서 이를 적용하는 것이 쉽지 않다. VR 상담에서는 내담자가 가상 환경에서 화를 유발하는 상황(예: 직장에서의 갈등, 배우자와의 말다툼)을 체험하며, 상담에서 배운 대처 기술을 즉시 연습할 수 있다.

(5) 상담자의 부담 경감 및 소진 예방

- 기존의 상담에서는 상담자가 내담자의 문제를 탐색하기 위해 부모, 배우자, 상사 등의 역할을 연기해야 하는 경우가 많다. 하지만 VR 상담에서는 가상 캐릭터를 활용하여 내담자가 보다 자연스럽게 관련 상황을 경험할 수 있기 때문에 상담자의 부담이 줄어들 수 있다.

예시

– 역할극(role-playing) 기법을 가상 캐릭터가 대신 수행: 상담자가 부모 역할을 연기하지 않아도, 가상의 부모 캐릭터와 내담자가 대화를 나누며 감정을 정리할 수 있다. 내담자는 원하는 만큼 반복해서 대화를 할 수 있으며, 상담자는 이를 관찰하며 공감, 반영, 요약, 해석 등의 개입을 제공할 수 있다.

– 심리극(Psychodrama) 기법 활용: 내담자가 VR에서 다양한 캐릭터를 생성하여 과거의 특정 장면을 재현하고, 자신의 감정을 재탐색할 수 있다. 이 과정에서 상담자의 직접 개입 없이

도 내담자가 스스로 중요한 순간을 회상하고 그때의 감정을 다시 떠올리며 탐색할 수 있다.

- 상담자가 지속적으로 내담자의 외상 경험을 듣다 보면 소진될 위험이 있다. 하지만 VR 상담에서는 내담자가 VR에서 점진적으로 외상과 관련된 요소에 노출되면서 상담자에게 반복적으로 사건을 이야기하지 않아도 불안 조절 및 대처 기술을 연습할 수 있다. 예를 들어, 자동차 사고로 인한 PTSD 치료에서는 내담자가 VR을 통해 점진적으로 도로 환경에 노출되면서 불안을 조절하는 연습을 할 수 있다. 이 과정에서 상담자는 내담자의 반응을 관찰하며 적절한 개입을 할 수 있지만, 외상 사건을 반복해서 듣는 부담은 줄어든다.

2) VR 상담의 단점 및 한계점

(1) 초기 비용 문제

VR 상담을 도입하기 위해서는 전용 기기와 소프트웨어가 필요하기 때문에 일반 대면 상담에 비해 초기 설치 및 운영 비용이 높다. 예를 들어, VR 기기(예: Meta Quest, HTC Vive) 및 고사양 컴퓨터, 네트워크 인프라 구축이 필요하고, VR 시스템을 유지하는 데 추가적인 비용이 발생한다. 특히 내담자가 VR 기기를 직접 구매해야 하는 경우, 경제적 부담이 클 수 있다. 이러한 이유로 인해 VR 상담은 일반 대면 상담보다 접근성이 낮을 수 있으며, 경제적 여건이 부족한 기관이나 개인이 쉽게 활용하기 어렵다.

(2) 상담자와의 직접적인 인간적 교감 부족

기존의 대면 상담에서는 상담자의 공감적 반응, 지지적 표현, 따뜻한 분위기 등이 내담자의 심리적 안정에 중요한 역할을 한다. 하지만 VR 상담에서는 이러한 인간적인 교감이 상대적으로 약할 가능성이 있다. 따라서 VR 상담이 모든 내담자에게 적합한 것은 아니며, 특히 정서적 유대감이 중요한 내담자의 경우 대면 상담이 더 효과적일 수 있다.

(3) 내담자의 저항 및 몰입 문제

일부 내담자는 VR 상담에 대해 거부감을 느끼거나, 몰입이 어려워 효과적인 상담이 이루어지지 않을 가능성이 있다. 예를 들어, 기술에 익숙하지 않은 내담자(예: 고령층)가 VR 상담에 적응하기 어려울 수 있다. 또한 트라우마 치료에서 내담자가 가상 환경을 지나치게 현실적으로 느끼면 오히려 거부 반응이나 회피 반응을 보일 수 있다. 이를 해결하기 위해서는 사전 오리엔테이션을 통해 VR 상담의 장점과 한계를 충분히 설명하고, 내담자가 편안하게 적응할 수 있도록 지원할 필요가 있다.

(4) 기술적 문제로 인한 몰입 방해

VR 상담을 원활하게 진행하기 위해서는 안정적인 기술 환경이 필수적이다. 하지만 기기 성능, 네트워크 연결 문제, 사용자의 신체적 반응(예: 멀미) 등으로 인해 상담 과정에서 몰입이 방해될 수 있다. 이러한 문제를 해결하기 위해서는 최적화된 VR 장비 사용, 사용자별 맞춤 설정 제공, 상담 시간 조절(짧은 세션으로 운영) 등의 전략이 필요하다.

(5) 개인정보 보호 및 윤리적 문제

VR 상담에서는 내담자의 생체 신호, 음성, 표정 데이터 등이 수집되는데, 이 정보가 안전하게 보호되지 않으면 개인정보 유출 위험이 있다. VR 상담을 운영하는 기관에서는 강력한 보안 정책을 수립하고, 내담자의 개인정보 보호를 위한 명확한 동의 절차를 갖춰야 한다.

3. VR 상담 연구 동향

최근 VR 기술이 심리치료 분야에서 빠르게 발전하면서, 다양한 심리 문제를 치료하는 데 적용되고 있다. 심리장애별로 연구 동향을 살펴보면 다음과 같다.

1) 우울장애 치료 연구

(1) 긍정적 환경 조성

VR에서 평안한 공간(예: 숲속, 해변, 공원)에 머무르며 정서적 안정감을 경험하도록 유도한다. 관련 연구에 따르면, VR을 활용한 자연환경 노출은 우울 증상을 완화하는 데 도움이 된다(Baños et al., 2016).

(2) VR 기반 자기 자비 훈련

VR에서 자신의 어린 시절 모습을 보며 따뜻한 말과 위로를 건네도록 유도한다. VR 자기 자비 훈련은 우울증 환자의 자기비판 성향을 줄이고, 우울 증상을 완화하는 데 효과적인 것으로 밝혀졌다 (Falconer et al., 2016).

(3) VR을 활용한 행동활성화

현실에서 어려워하는 활동(예: 사회적 상호작용, 외출, 운동)을 가상현실에서 연습하도록 유도한다. 이처럼 VR에서 반복적으로 연습한 행동은 현실에서 더 자연스럽게 나타난다(Smith et al., 2020).

2) 불안 및 공포장애 치료 연구

(1) 사회불안장애 치료

내담자가 가상의 청중 앞에서 발표하거나 면접을 보는 연습을 반복하면서 불안감을 점진적으로 낮추는 치료로, 사회불안을 감소시키는 데 효과적인 것으로 나타났다(Emmelkamp et al., 2020).

(2) 공포증 치료

- 고소공포증: VR에서 높은 건물, 유리 바닥, 다리 위 등을 경험하며 불안 감소 훈련을 진행한다.
- 거미공포증: VR에서 점진적으로 거미를 접하게 하면서 공포 반응을 조절하는 훈련을 실시한다.
- 연구 결과, VRET가 전통적인 노출 치료보다 치료 효과가 높거나 비슷한 수준인 것으로 보고되었다(Botella et al., 2017).

(3) 공황장애 치료

VR을 통해 가상 지하철, 엘리베이터, 비행기 등에 노출되면서 공황 반응을 점진적으로 감소시키는 치료이다. 연구 결과, 회피 행동을 줄이고 불안 조절 능력을 높이는 데 효과적인 것으로 밝혀졌다(Andersen et al., 2023).

3) 외상 후 스트레스 장애 치료(PTSD) 연구

(1) 군인 및 참전 용사 PTSD 치료

이라크 · 아프가니스탄 전쟁 참전 군인들을 위한 VR 노출 치료 연구가 실시되었는데, 그 결과, 기존의 인지행동치료와 동등하거나 더 높은 효과를 보였다(Vianez et al., 2022).

(2) 성폭력 생존자 PTSD 치료

가상의 안전한 환경에서 트라우마를 단계적으로 다루는 방식으로 진행된다. 연구 결과, VR 환경에서 트라우마 사건을 다시 체험하며 감정 조절 기술을 학습한 생존자가 일반 상담을 받은 생존자보다 더 빠른 회복을 보인 것으로 나타났다(Knaust et al., 2020).

(3) 교통사고 PSTD 치료

내담자가 가상의 도로에서 운전 연습을 하면서 점진적으로 불안을 조절하는 치료 방식으로, 운전공포를 줄이는 데 효과적인 것으로 확인되었다(Walshe et al., 2003)

4) 강박장애 치료 연구

(1) VR 기반 노출 및 반응 방지 치료

- 강박장애 환자를 가상 환경 속 불안 유발 자극(예: 먼지가 많은 물건, 정리되지 않은 방)에 노출시킨 후, 강박행동(예: 반복적인 손 씻기, 정리 행동)을 하지 않도록 유도하는 치료를 실시하였다. 그 결과, VR을 활용한 ERP(Exposure and Response Prevention, 노출 및 반응 방지 치료)가 전통적인 ERP와 유사한 치료 효과를 보였으며, 특히 환자들의 참여율이 높게 유지된 것으로 나타났다(Cullen et al., 2021).
- VR 기반 ERP가 오염 강박을 가진 환자들의 불안, 혐오감, 손 씻기 충동을 감소시키는 데 효과적인 것으로 확인되었다(Inozu et al., 2020).
- 메타 분석 연구를 통해서도 VR 기반 ERP의 효과성이 검증되었다(Dehghan et al., 2022).

5) 알코올 사용 장애 치료 연구

(1) VR을 활용한 음주 상황 재현 및 대처 훈련

가상 환경에서 알코올와 관련된 단서(예: 술잔, 병, 음식, 술집)에 반복적으로 노출시키고 갈망을 조절하는 연습을 진행하였다. 그 결과, 가상 환경에서 음주를 유발하는 환경에 반복적으로 노출된 내담자가 실제 생활에서도 알코올에 대한 충동을 잘 조절하는 것으로 확인되었다(Lee et al., 2007).

(2) 알코올 중독자의 재활 및 사회적 기술 훈련

가상 환경에서 금주를 유지하는 연습과 사회적 상호작용을 개선하는 연습을 진행한 결과, VR 기반 치료가 중독자의 자기 통제력을 높이고, 재발 방지율을 낮추는 데 효과적인 것으로 보고되었다(Skeva et al., 2021; Son et al., 2015).

6) 섭식장애 치료 연구

(1) 왜곡된 신체 이미지 수정

내담자가 가상 환경에서 자신의 신체를 다양한 각도로 바라보며, 왜곡된 신체 인식을 수정하는 훈련을 진행한 결과, 자신의 신체를 더 객관적으로 평가하게 된 것으로 나타났다(Varlamov & Yakovieva, 2022).

(2) 음식 관련 불안 조절 훈련

가상 환경에서 음식과 관련된 불안감을 점진적으로 조절하는 훈련을 실시한 결과, 내담자가 현실에서도 음식에 대한 불안을 덜 느끼게 된 것으로 확인되었다(Monthuy-Blanc et al., 2020).

7) 주의력 결핍 과잉행동장애(ADHD) 치료 연구

(1) VR 기반 주의력 훈련

ADHD 아동을 대상으로 VR을 활용한 집중력 강화 훈련을 실시한 결과, 실제 학습 환경에서도 주의력이 향상된 것으로 나타났다(Kwan et al., 2022). 또 다른 연구에서는 VR을 이용한 시각적 주의력 훈련 및 호흡 훈련이 ADHD 아동의 주의력과 자기 조절 능력을 향상시키는 데 효과적인 것으로 확인되었다(Kim et al., 2024).

(2) VR을 활용한 가상 교실 환경

ADHD 아동이 가상의 교실에서 공부하면서 산만한 자극(예: 창밖의 소음, 움직이는 학생들)이 있어도 집중력을 유지하는 연습을 하게 한 결과, 주의력 유지 및 과제 수행 능력이 향상된 것으로 보고되었다(Blume et al., 2017; Oh et al., 2022).

(3) 충동 조절 및 행동 수정 훈련

ADHD 환자가 가상 환경에서 즉각적인 보상이 제공되지 않는 과제를 수행하는 연습을 진행한 결과, 인내력과 충동 조절 능력이 향상된 것으로 나타났다(McKay et al., 2022; Sergis et al., 2024).

8) 노인의 인지저하 및 경도인지장애 치료 연구

VR은 노인의 인지 기능을 강화하고 치매(알츠하이머병)로의 진행을 늦추기 위한 훈련 도구로도 활용되고 있다. 특히 VR 속에서 기억력, 공간 인지력, 문제 해결 능력을 자극하는 훈련에 대한 연구들이 진행되고 있다.

(1) VR 기반 기억력 강화 훈련

경도인지장애 환자를 대상으로 가상 환경에서 기억력 훈련을 실시한 결과, VR 그룹이 일반적인 기억력 훈련을 받은 그룹보다 더 높은 기억력 개선 효과를 보였다(Liao et al., 2020).

(2) VR을 활용한 공간 인지 및 길 찾기 훈련

치매로 진행될 위험이 있는 노인들에게 VR 속에서 길을 찾는 연습을 하게 한 결과, 길을 찾는 능력이 향상된 것으로 나타났다(Park, 2020).

(3) VR을 통한 생활 기술 유지 훈련

가상 주방, 가상 슈퍼마켓 등의 환경에서 생활 기술 훈련을 실시한 결과, 경도인지장애 및 초기 치매 환자의 일상생활 수행 능력이 유지되거나 향상된 것으로 보고되었다(Yun et al., 2020).

제2장

가상현실 상담 환경 구축하기

현재 시중에 나와 있는 VR 하드웨어는 심리상담 전용으로 제작된 것이 아니다. 따라서 상담자가 VR을 상담에 활용하고자 할 때는, 사용하고자 하는 콘텐츠나 애플리케이션에 따라 적절한 기기를 선택해야 한다. 예를 들어, 내담자의 행동 데이터를 추적하거나 관찰할 필요가 있다면, 해당 데이터를 수집할 수 있는 센서가 탑재된 기기를 선택하고, 콘텐츠도 그 기기의 기능에 맞게 선택해야 한다.

이 장에서는 먼저 주요 VR 디바이스의 종류와 특징을 살펴보고자 한다. VR 상담을 효과적으로 진행하기 위해서는 이러한 디바이스들이 사용자의 감각과 지각에 어떤 영향을 미치는지에 대해 이해할 필요가 있다. 또한 VR 기기의 기본적인 착용 방법과 사용 절차도 간략하게 다룰 예정이다. 이는 상담자가 내담자에게 기기 사용법을 정확히 안내하고, 상담 도중 발생할 수 있는 기술적 문제에 효과적으로 대응하는 데 도움이 될 것이다.

1. VR 디바이스

VR이란, 사용자가 현실 세계의 자극에서 벗어나, 컴퓨터로 생성된 디지털 환경에 몰입하고 그 안에서 상호작용할 수 있도록 하는 기술을 말한다(Bailey & Bailenson, 2017). 사용자가 디지털 세계에서 일어나는 다양한 상황에 몰입하여 능동적으로 참여하게 되면 신체적 감각과 인지적 판단이 결합된 생생한 경험이 형성되고 이는 개인의 기억에 저장된다. TV나 영화는 '본다(watch, see)', 게임은 '플레이한다(play)', 스마트폰 애플리케이션은 '사용한다(use)'는 동사로 설명되는 반면, VR은 '경험한다(experience)'는 동사로 가장 잘 표현된다. 이처럼 감각적이고 몰입적인 경험을 유발하는 미디어를 흔히 '실감형 미디어' 혹은 '몰입형 미디어'라고 부른다. VR에서 이러한 몰입적 경험을 가능하게 하는 핵심 원리는 '현존감(Presence)'이다. 인간-컴퓨터 상호작용(Human-Computer Interaction: HCI) 분야의 연구자들은 현존감을 다양하게 정의해 왔는데, 일반적으로 현존감은 사용자가 가상 환경 속에 실제로 존재하고 있다는 느낌을 받는 주관적 감각 상태로 이해된다(Kim et al., 2021). Slater 등(2009)은 현존감을 '사용자가 가상 세계에 존재하는 다양한 대상들을 실제로 인지하고, 그에 따라 사고하고 행동하려는 동기가 생겨나는 정서적 상태'라고 정의하였다. 결국, 현존감은 인지적 요소와 정서적 요소가 결합된 상태로, VR 기기가 유발하는 몰입(immersion), 참여(engagement), 상호작용(interaction)의 결과라 할 수 있다.

이러한 현존감을 가능하게 하는 주요 수단은 HMD와 같은 VR 디바이스이다. HMD에 내장된 렌즈와 센서들은 기존 미디어와 다른 방식으로 시·지각적 자극을 제공하며, 이는 사용자에게 독특한 인지적 경험을 유발한다. 이러한 인지적 경험은 HMD가 제공하는 다음의 세 가지 요소로부터 만들어진다.

a. 지각적(Perception) 요소: 인간의 양안시차를 이용한 3D 스테레오그래피(Stereography)가 주는 입체감
b. 공간 경험(Surrounding experience) 요소: 주변을 둘러보아도 현실과 차단된 다른 환경의 경험
c. 시점(Viewpoint) 요소: 사용자의 움직임에 따라 실시간으로 변화하는 시점

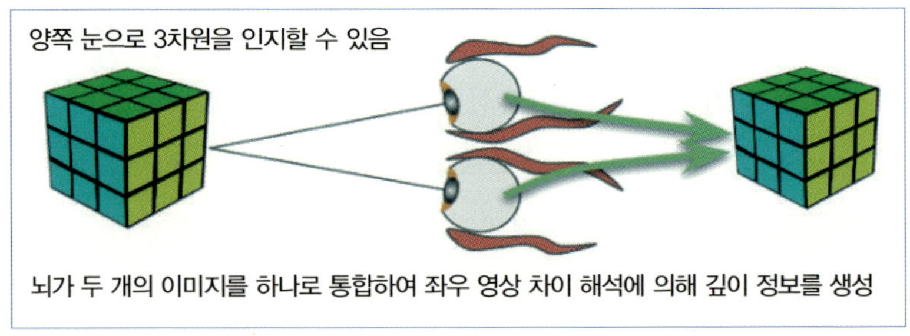

[그림 2-1] **양안시차와 입체감의 원리**

[그림 2-1]은 인간이 사물을 입체적으로 지각하는 원리를 VR 기기가 어떻게 구현하는지를 보여 준다. 인간은 양안시(binocular vision)라는 시각적 특성으로 인해 사물을 입체적으로 지각할 수 있다. 사람의 두 눈은 약 6~7cm 정도 떨어져 있어 동일한 대상이라도 약간씩 다른 각도에서 보게 된다. 이로 인해 두 눈의 망막에는 서로

미세하게 차이 나는 두 개의 영상이 형성되는데, 이러한 차이를 '양안시차(binocular disparity)'라고 한다. 뇌는 이 양안시차를 분석하여 두 영상의 차이를 비교하고 하나의 입체적인 이미지로 통합한다. 이 과정을 통해 우리는 물체와의 거리나 공간 구조를 정확히 파악할 수 있으며, 이를 깊이(depth) 지각이라 한다. 이 원리는 3D 입체 안경이나 VR 기기에도 동일하게 적용된다. VR 기기의 양쪽 렌즈는 왼쪽 눈과 오른쪽 눈에 각각 다른 시점에서 촬영된 영상을 제공하여 인위적으로 양안시차를 만들어 낸다. 사용자의 뇌는 이를 실제 현실처럼 입체적으로 통합하여 가상 공간 속 깊이와 거리감을 생생하게 경험하게 된다.

b. 공간경험 요소와 C. 시점 요소

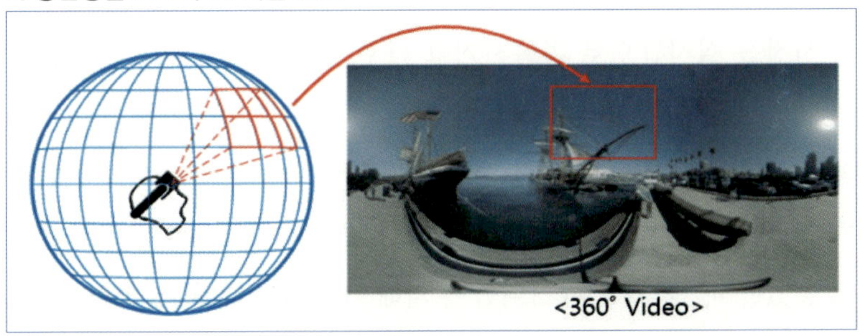

[그림 2-2] 디스플레이와 광학 시스템의 원리

[그림 2-2]는 VR 기기의 디스플레이와 광학 시스템의 작동 원리를 보여 준다. VR 기기에는 일반적으로 2~3인치 크기의 고해상도 디스플레이가 양쪽 눈 앞에 각각 하나씩 배치되어 있다. 이 디스플레이는 왼쪽과 오른쪽 눈에 서로 약간 다른 이미지를 제공하여 입체감을 형성한다. 광학 렌즈(광학 엔진)는 이 작은 화면을 확대하여, 마치 멀리 떨어진 대형 가상 스크린을 보는 것처럼 느끼게 한다. 렌

즈는 보통 90도 이상의 넓은 시야각(Field of View)을 제공하여 사용자가 가상 공간 속에 몰입할 수 있도록 돕는다. 또한 사용자가 고개를 움직일 때도 시점에 맞게 화면이 자연스럽게 전환되도록 가상 화면은 구면 형태로 둥글게 배치된다. 이렇게 하면 머리를 돌려도 화면이 끊기지 않고, 사용자는 360도 가상 공간에 실제로 존재하는 것처럼 인식하게 된다. 이러한 구현 원리는 1968년 Ivan Edward Sutherland가 개발한 세계 최초의 VR 시스템에서도 이미 사용된 방식이며, 오늘날의 VR 시스템은 이 원리를 기반으로 해상도, 반응성, 착용감 등에서 비약적인 발전을 이루어 왔다.

VR의 몰입적 사용자 경험은 평면이 아닌 입체로 이미지를 지각하게 하는 지각적 원리와 이를 구현하는 광학 장치를 통해, 사용자의 시점을 실시간으로 변화시키고 외부 현실과 차단함으로써 형성된다. 상담자 입장에서는 이러한 기술과 기기에 대한 이해가 내담자의 지각 경험에 미치는 영향을 예측하고 적절한 개입 전략을 수립하는 데 도움이 된다. 즉, 내담자가 가상 공간 속 특정 상황이나 환경에 놓였을 때, 기기의 메커니즘에 의해 유발되는 '그곳에 있다(being there)'는 느낌이 어떤 심리적 변화를 일으킬 수 있는지를 이해하면 이를 효과적으로 활용할 수 있게 되는 것이다. 이러한 'being there'의 경험은 단순한 몰입을 넘어 내담자가 자신의 감정과 기억에 보다 깊이 접근하도록 돕고, 이를 통해 새로운 통찰과 정서적 변화를 이끌어 내는 심리적 촉진제가 될 수 있다. 상담자는 이러한 심리적 기제를 이해하고 활용함으로써, VR을 내담자의 자기 탐색과 심리적 회복을 촉진하는 치료적 도구로 활용할 수 있다.

1) HMD

HMD는 사용자의 머리 움직임을 실시간으로 감지하여, 그에 맞춰 가상 환경을 즉각적으로 조정한다. 이를 위해 기기 내부에 내장된 센서가 사용자의 머리 위치와 회전 방향을 감지하고, 이에 따라 시야에 맞는 화면을 디스플레이에 실시간으로 출력한다.

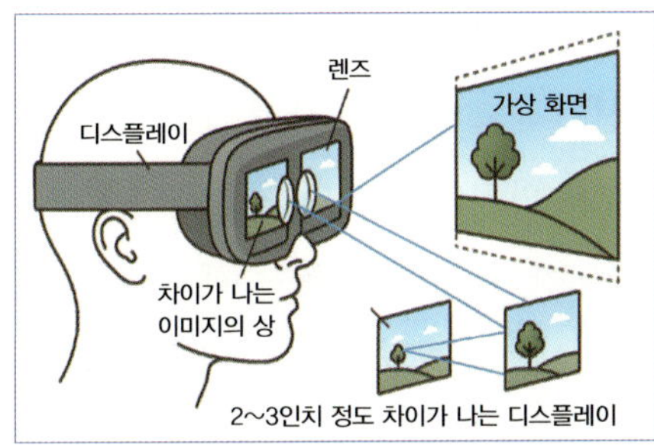

[그림 2-3] **가상 이미지를 생성하는 디스플레이와 HMD의 외부와 내부 구조**

구체적으로, 사용자가 고개를 좌우로 돌리거나 위아래로 움직이면, 화면도 함께 변하여 마치 실제로 가상 공간을 바라보는 듯한 현존감을 경험하게 된다. 이러한 반응은 HMD에 내장된 자이로센서(gyroscope sensor) 덕분에 가능하다. 자이로센서는 사용자의 고개 돌림이나 기울임과 같은 회전 움직임을 정밀하게 감지하여, 가상 환경 속 시야가 자연스럽게 변화하도록 조정한다. 한편, 대부분 VR 콘텐츠는 회전뿐 아니라 앞뒤 · 좌우 · 상하로의 실제 이동까지 반영하여 더욱 자유로운 탐색 경험을 제공한다. 이러한 콘텐츠는 6 자유도(6 Degrees of Freedom: 6 DoF) 기술을 기반으로 한다. 6 DoF는 세 가지 회전 움직임(roll, pitch, yaw)과 세 가지 방향의 위치 이동(x, y, z 축)을 모두 감지하여 사용자가 가상 공간 안을 실제처럼 걸어 다니거나 위치를 바꿀 수 있도록 지원한다. 상담은 주로 앉은 자세로 이루어지기 때문에 3 DoF, 즉 회전 움직임을 주로 하는 상담 콘텐츠로 개발한다.

2) 컨트롤러

PC 환경에서 마우스와 키보드를 사용해 파일을 선택하거나 애플리케이션을 조작하듯, VR에서는 HMD를 착용한 사용자가 컨트롤러를 통해 가상 환경 속 객체를 선택하고 다양한 작업(task)을 수행한다. 이때 컨트롤러는 사용자의 손 위치와 움직임을 인식하여, 가상 세계 속 인터페이스와 상호작용할 수 있도록 돕는 핵심 장치이다. VR에서 보이는 3차원 이미지는 실제로 존재하지 않는 시각적 재현물이지만, 사용자는 이를 실제 물체처럼 다룰 수 있다. 이러한 작동 원리로 인해 컨트롤러는 종종 '마술봉(magic wand)'에 비유되기도 한다.

컨트롤러의 기본 기능은 HMD가 사용자의 손 위치를 정확하게 추적하도록 돕는 것이다. 이 추적 방식에는 두 가지가 있다. 첫째, 아웃인트래킹(Outside-in tracking) 방식은 외부에 설치된 센서가 컨트롤러의 위치를 감지하는 방식이다. 둘째, 인사이드아웃트래킹(Inside-out tracking) 방식은 컨트롤러나 HMD 자체에 내장된 자이로센서와 가속도계(accelerometer)가 위치와 방향을 실시간으로 감지하는 방식이다. 최근 대부분의 VR 디바이스는 설치가 간편하고 유연성이 높은 인아웃 방식을 채택하고 있다. 여기에 더해 진동, 압력 등 촉각 정보를 제공하는 햅틱 디바이스(haptic device)가 결합되면서, VR 경험은 시각을 넘어 촉각까지 확장되고 있다. 또한 최근에는 컨트롤러 대신 손의 움직임이나 시선을 입력 방식으로 하는 NUI(Natural User Interface) 혹은 제스처 기반 상호작용(Gesture-base Interaction) 기술이 점차 보급되고 있다. 이 기술을 이용하면 보다 직관적이고 자연스러운 상호작용이 가능해진다.

지금까지 VR 기기 중 HMD와 컨트롤러에 대해 살펴보았다. 이제 VR의 또 다른 중요한 특징인 상호작용에 대해 알아보자. PC나 스마트폰처럼 기존 기기는 키보드나 마우스 같은 외부 장치를 이용해 조작해야 하지만, VR에서는 가상의 신체를 갖는 느낌(신체소유감, body ownership) 덕분에 훨씬 몰입감 있고 직관적인 상호작용이 가능하다. 이런 경험을 체화감(embodiment)이라고 부르며, 사용자가 가상 공간 안에서 자신의 몸을 직접 움직이는 듯한 느낌을 준다.

VR의 HMD와 함께 사용하는 컨트롤러는 손의 움직임을 인식하여 가상 공간에서 물건을 선택하거나 위치를 바꾸고, 텔레포트(teleport) 기능으로 장소를 옮기는 등 다양한 작업을 할 수 있게 해준다. 사용자의 실제 움직임은 센서를 통해 실시간으로 추적되어, 화면 속 컨트롤러나 손 모양의 아바타가 따라 움직인다. 이를 운동 동기화(motor-synchronization)라고 하는데, 이런 기능 덕분에 가상

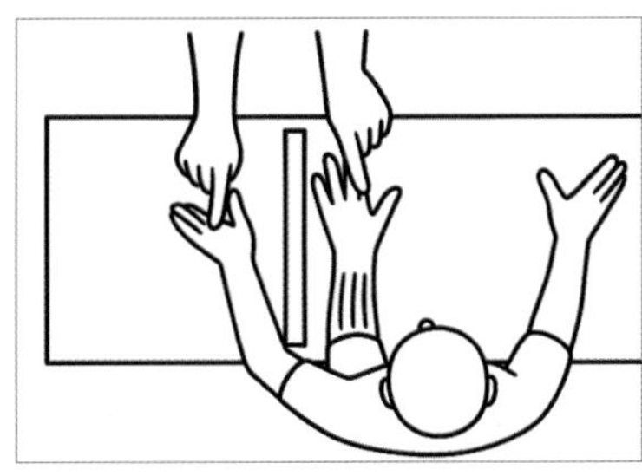
The rubber hand illusion
(Botvinick & Cohen, 1998)

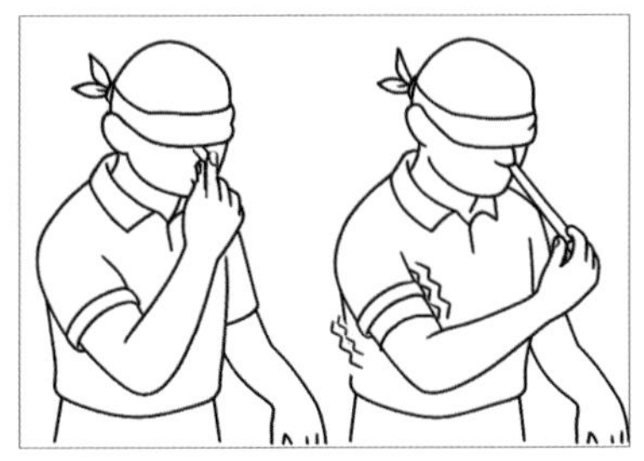
Pinocchio illusion
(Goodwin et al., 1972; Lackner, 1988)

[그림 2-4] **고무손 일루전(좌)과 피노키오 일루전(우)의 예시**

환경에서 눈으로 보는 장면과 몸의 움직임이 일치하면서 뇌에서는 마치 실제처럼 느껴지는 착시(illusion)가 만들어진다. 다음에 소개할 인지과학적 실험들은 이러한 가상 환경 내 신체소유감의 작동 원리를 이해하는 데 도움을 준다.

[그림 2-4]의 사례들은 가상 환경에서의 신체소유감에 의한 체화감의 형성을 보여주는 대표적인 실험들이다. 왼쪽 그림은 일반적인 체화 실험의 예로, HMD 화면에 사용자의 실제 움직임과 연동된 '가짜 손'을 제시하면 사용자는 이를 자신의 손처럼 느끼게 된다. [그림 2-4]의 좌측 실험과 같이 참가자의 실제 손을 칸막이로 가린 뒤, 그 앞에 가짜 손(고무손)을 배치한다. 실험자가 실제 손과 고무손을 동시에 같은 방식으로 쓰다듬거나 자극하도록 하면, 일정 시간이 지난 후 참가자는 눈앞의 고무손을 자신의 손으로 인식하게 된다. [그림 2-4]의 우측 실험에서는, 참가자가 눈을 가린 채 한 손으로 코를 잡고 팔꿈치 윗부분에 진동을 주면 마치 자신의 코가 피노키오의 코처럼 길게 늘어나는 느낌을 갖게 된다.

이는 시각, 촉각, 운동 감각이 통합되어 만들어지는 인지적 착각으로, VR에서도 동일한 방식으로 체화감이 형성된다. 이러한 원리는 VR 상담이나 치료에서 체화 기반 개입의 핵심이 되며, 사용자가 가상 공간 속 아바타나 가상의 신체를 자연스럽게 자신의 일부로 받아들이도록 하여 높은 몰입감과 심리적 효과를 이끌어 낸다. 물론 신체 전체에 복잡한 모션 센서를 장착하면 보다 정교한 동작 추적이 가능하지만, 가장 기본적인 체화감은 컨트롤러와 아바타 손의 움직임을 일치시키는 것만으로도 충분히 형성될 수 있다.

2. VR 디바이스의 종류와 활용법

VR 디바이스인 HMD는 종류가 매우 다양하며, [그림 2-5]의 기기들은 비교적 일반 대중에게 잘 알려진 기업들이 개발한 상용 제품들이다. HMD는 주로 연결 방식과 산업적 용도에 따라 구분할 수 있다. 이 책에서는 상담자가 실제로 구매하여 사용할 수 있는, 상업적으로 널리 알려진 주요 브랜드와 기기들을 연결 방식과 용도별로 소개하고자 한다.

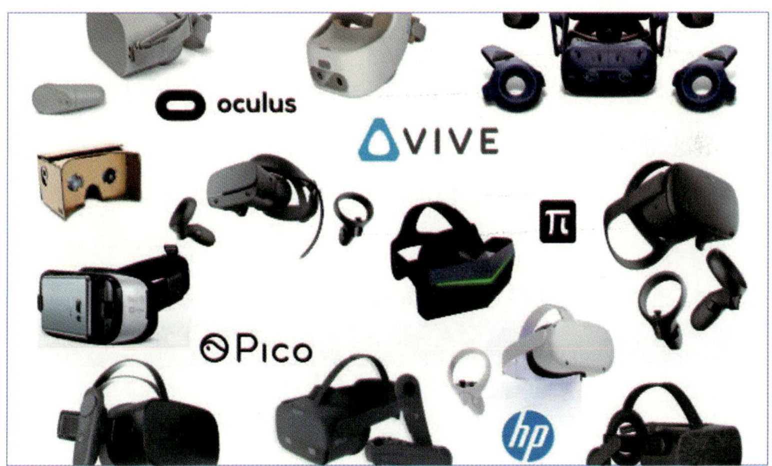

[그림 2-5] Top 10 VR Trends of 2024-2025

출처: Top 10 VR Trends of 2024-2025: Future of Virtual Reality (n.d.).

1) 연결 방식에 따른 구분

HMD는 PC 연결형, 스탠드얼론형, 모바일 폰 기반형으로 나눌 수 있다.

- PC 연결 HMD: 고성능 컴퓨터의 CPU와 GPU를 활용하여 높은 그래픽 처리 능력과 안정성을 제공한다. 정밀한 시뮬레이션이나 고사양 환경에서 유리하지만, 설치가 복잡하고 비용이 많이 들며, 케이블로 연결되기 때문에 사용자의 움직임이 다소 제한될 수 있다.
- 스탠드얼론(Stand-alone) HMD: 별도의 PC나 외부 장치 없이 독립적으로 작동한다. 케이블이 없어 자유로운 움직임이 가능하고, 설정이 간편하다는 장점이 있다. 다만, 그래픽 처리 성능이 매우 높거나 화면 전환이 지연 없이 즉각적으로 이루어져야 하는 콘텐츠에서는 성능이 PC 연결형보다 조금 부족할 수 있다. 공간의 제약 없이 자유롭게 이동하며 사용할 수 있다는 점에서 활용성이 높다.
- 모바일 폰 기반 HMD: 스마트폰을 장착해 사용하는 방식으로,

〈표 2-1〉 연결 방식에 따른 HMD의 특징과 대표적 제품들

종류	특징	대표적 브랜드
PC 연결 HMD	• 고성능 PC에 유선으로 연결 • 높은 그래픽 품질과 정밀 트래킹 제공	• HTC Vive • Valve Index • Oculus Rift S 등
스탠드얼론 HMD	• PC나 스마트폰 없이 독립적으로 동작 • 배터리 내장 • 무선 사용	• Meta Quest 2, Quest 3, Quest Pro 등 • Pico 4, 엔터프라이즈 등 • HTC Focus Vision, XR Elite 등
모바일 폰 기반 HMD	• 스마트폰을 VR 기기 안에 끼워 사용하는 방식 • 가벼우나 성능 제한	• Samsung Gear VR • Google Cardboard 등

360도 영상이나 입체 영상 콘텐츠를 간편하게 체험할 수 있도록 설계되어 있다. 다만, 상호작용 기능이나 몰입감 측면에서는 앞선 두 방식에 비해 한계가 있다.

이 외에도 콘솔 기반 HMD가 있는데, 대표적으로 Playstation VR처럼 게임기에 연결하여 사용하는 형태이다. 주로 게임 산업에서 많이 활용된다.

2) 산업적 용도에 따른 구분

다음으로, HMD는 산업적 용도에 따라 구분할 수 있다. 활용 목적에 따라 기능이 추가되거나, 그래픽 품질, 연결 방식 등에서 특화된 사양을 갖춘 기기들이 개발되고 있다. 예를 들어, 의료 시뮬레이션, 군사 훈련, 건축 설계, 심리상담 등 각 분야에서는 해당 용도에 최적화된 맞춤형 HMD가 사용되고 있다.

VR 디바이스 제품 개발은 더 넓은 시야각, 더 작고 가벼운 본체, 심플하고 세련된 디자인, 그리고 내부 부품과 센서가 그대로 드러나는 '누드 디자인' 등으로 다양하게 발전하고 있다. 상업적으로 가장 널리 알려진 Meta의 제품군은 구글 플레이스토어나 애플 앱스토어처럼 자체 플랫폼인 메타스토어(Meta Store)를 통해 VR 애플리케이션을 구독하거나 다운로드하여 사용할 수 있다. 반면, 〈표 2-2〉의 Varjo와 같은 산업용 HMD는 고해상도 그래픽과 혼합현실(Mixed Reality: MR) 기능을 기반으로 의료, 항공, 자동차 산업 등에서 시뮬레이터와 연동되어 활용된다. 또한 특정 훈련 목적에 따라 특수 센서나 외부 장착형 카트리지를 추가로 지원하기도 한다. 심리상담 및 재활 목적의 VR 기기들은 아직 상용화 초기 단계에 머물러 있지만, 일부 제품들은 모바일 애플리케이션과 연동되어 자가 치료나 원격 치료 목적으로 사용되고 있다. 예를 들어, Psious VR은 C2Care 전문가들이 콘텐츠를 관리하며 불안, 공포증 등의 치료에 활용하고, Limbix VR은 XRHealth 플랫폼과 연동되어 노출 치료나 PTSD 치료를 위해 사용되고 있다. 이러한 기기들은 아직 대중적으로 널리 보급되지는 않았지만, 내담자가 개인적으로 소장하여 일상 속에서 지속적으로 심리치료를 받을 수 있다는 점에서 높은 잠재력을 지닌다.

〈표 2-2〉 **산업 분야에 따른 HMD 특징과 대표 제품들**

산업 분야	특징	대표적 제품	기기 이미지
엔터테인먼트용 VR	게임, 영화, 몰입형 콘텐츠 감상용	Meta Quest 2, PlayStation VR2	
산업·훈련용 VR	군사·의료·항공 훈련 등 실습·교육에 사용	Varjo XR-4, HP Reverb G2 Omnicept Edition	
심리치료·재활용 VR	심리상담, 정신건강, 재활치료	Psious VR, Limbix VR	

〈표 2-3〉에서 소개하는 기기들은 이 책이 집필되는 시점 기준으로 출시되었거나 곧 출시가 예정된 최신 모델들이다. 애플의 비전 프로(Vision Pro)와 빅스크린의 '비욘드 2(Beyond 2)'는 최근 시장에 등장했으며, 삼성 또한 MR 기기인 '무한'을 출시하였다. 먼저, 애플은 퍼스널 컴퓨터와 스마트폰의 대중화를 이끌며 운영체제의 패

러다임을 바꾼 혁신적 기업으로 평가받아 왔다. 이번에 선보인 비전 프로 역시 출시 전부터 큰 기대를 모았으며, 애플 특유의 디자인 철학이 반영된 고급스러운 외형과 사용자 친화적인 인터페이스로 긍정적인 평가를 받고 있다. 특히 넓은 시야각과 정밀한 트래킹 기능이 주요 강점으로 꼽힌다. 다만, 높은 가격과 비교적 무거운 무게는 일반 대중에게 확산되는 데 한계로 지적된다. 빅스크린의 '비욘드 2'는 넓은 시야각을 제공하면서도 지금까지 출시된 기기 중 가장 작고 가벼운 HMD로 주목받고 있으며, 이에 대한 기대도 높아지고 있다. 삼성은 과거 스마트폰 기반 VR 시장을 이끌었던 '기어 VR'의 생산을 중단한 이후 수년 만에, AI와 MR 기능을 강조한 새로운 XR 디바이스 '무한'을 선보였다.

〈표 2-3〉 **주요 디바이스 기업의 최신 HMD 모델**

Apple의 Vision Pro 2024년 2월 출시	BigScreen의 소형VR beyond 2 2025년 4월부터 예약 진행 중	삼성 갤럭시 '무한' 프로젝트 2025년 10월 출시

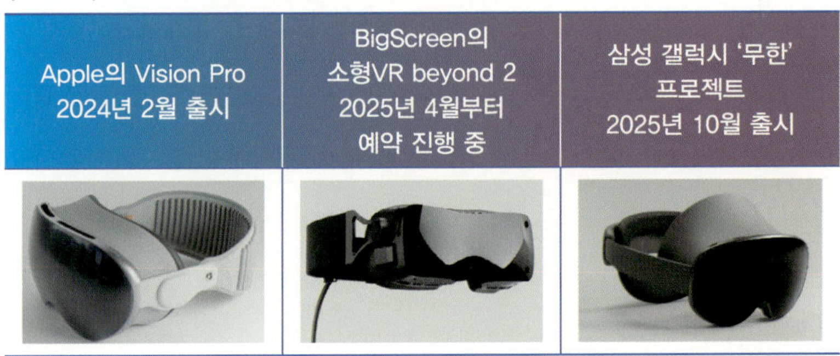

앞으로의 VR 디바이스는 더 작고 가벼워지며, 넓은 시야각과 다양한 기능을 갖춘 형태로 계속 진화할 것으로 예상된다. 이에 따라 상담 목적과 기능에 맞는 적합한 기기 및 애플리케이션을 선택하여 상담 공간을 구성하는 것이 중요하다.

3. 상담 공간과 장비 사용

VR을 활용한 심리상담을 위한 공간은 별도로 마련하여 기기와 장비를 안정적으로 설치해 두는 것이 바람직하다. 이렇게 하면 상담을 진행할 때마다 VR 장비를 설치하거나 철수하는 번거로움을 줄일 수 있으며, 매번 공간을 새로 세팅할 필요가 없다. 물론 내담자의 상황에 따라 상담자가 내담자를 방문하여 상담을 진행하는 경우도 있다. 이럴 때는 설치가 간편하고 장소 제약이 적은 스탠드얼론 HMD를 활용하면 큰 불편 없이 상담을 진행할 수 있다.

대부분의 심리치료용 콘텐츠와 애플리케이션은 3 DoF 방식으로, 앉은 자세에서 진행되도록 설계되어 있다. 따라서 내담자가 컨트롤러를 사용할 때 손이 테이블에 부딪히지 않도록 책상과 의자의 위치, 간격 등을 고려해 상담 공간을 구성할 필요가 있다. 또한 내담자의 신체 특성에 맞춘 기기 보정(calibration) 과정은 제품에 따라 다소 차이가 있을 수 있다. 이 책에서는 실제 상담 현장에서 널리 사용되는 Meta Quest 2와 3를 기준으로 공간 구성과 초기 설정 방법을 안내하고자 한다.

많은 상담자들이 VR 상담에 부담을 느끼는 이유 중 하나는 상담자와 내담자 모두 VR 기기 사용에 익숙하지 않기 때문이다. 그러나 스마트폰도 처음에는 낯설고 어색했지만 시간이 지나면서 누구나 자연스럽게 사용할 수 있게 되듯이, VR 기기 역시 일정한 적응 과정을 거치면 충분히 익숙해질 수 있다. 상담자는 이러한 점을 내담자에게 안내하고, 초기 사용 과정에서 느낄 수 있는 긴장이나 불안을 완화하는 역할도 함께 수행해야 한다. 이제 VR 기기의 실제 착용 방법에 대해 구체적으로 살펴보자.

〈표 2-4〉 Meta Quest의 착용 방법

해당 이미지	설명
	① 기본 준비 • 헤드셋(HMD)과 컨트롤러(좌우 각각)를 준비한다. • 헤드셋 전원이 켜져 있는지 확인한다(전원 버튼을 약 2초간 길게 눌러 켠다).
	② 헤드 스트랩(머리끈) 조절하기 • Meta Quest 3의 스트랩은 상단 스트랩과 측면 스트랩으로 구성되어 있다. • 상단 스트랩을 조절하여 HMD가 이마에 안정적으로 닿도록 한다. • 측면 스트랩을 당기거나 풀어, 얼굴에 밀착되면서도 편안한 압력이 되도록 맞춘다. • 스트랩은 너무 꽉 조이지 않게, 머리가 편안하지만 흔들리지 않게 착용하는 것이 중요하다.
	③ 얼굴에 HMD 착용하기 • 양손으로 헤드셋을 잡고 얼굴 쪽으로 부드럽게 가져간다. • 렌즈가 눈과 적당한 거리(3~4cm 정도)가 유지되도록 위치를 조정한다. • 착용 후, 화면이 흐릿하거나 양안 초점이 어긋나면 렌즈 거리 조절 다이얼(Inter-pupillary Distance: IPD 조절 휠)을 이용해 눈 간격에 맞게 조정한다.
	④ 컨트롤러 잡기 • 양 손에 각각 컨트롤러를 쥔다(L: 왼손, R: 오른손). • 자연스럽게 컨트롤러를 쥐었을 때 엄지 손가락은 위쪽에 있는 두세 개의 버튼을, 검지 손가락은 실행에 해당하는 '트리거' 버튼을 앞쪽에 있는 하나의 버튼을 누를 수 있는 위치에 놓인다. • 손목 스트랩을 착용하여, 사용 중 컨트롤러가 손에서 떨어지지 않도록 한다.

	⑤ 착용 후 초기 설정 • 헤드셋을 착용하면 자동으로 화면이 켜지면서 초기 홈 화면이 나타난다. • 컨트롤러를 이용해 '경계 설정(Guardian Boundary)'을 완료한다. • 안전을 위해 사용할 공간을 설정하고 경계선을 그린다. • 필요하면 Wi-Fi 연결 및 기본 프로필 설정을 진행한다.

〈표 2-4〉에서 설명한 착용 방법은 사용자가 스스로 기기를 장착할 때를 기준으로 한 것이다. 그러나 실제 상담 장면에서는 내담자가 기기를 편안하게 착용할 수 있도록 상담자가 도와주는 것이 중요하다. 특히 내담자가 처음 VR을 접하는 경우에는 장비에 대한 긴장감이나 어색함을 줄여 주기 위해 이러한 착용 보조 과정이 필요하며, 이는 유대감 형성에도 긍정적인 역할을 할 수 있다. 또한 위생관리 역시 중요한 고려 사항이다. HMD의 얼굴에 직접 닿는 부분은 쉽게 오염될 수 있으므로, VR 기기와 얼굴 사이에 착용할 수 있는 일회용 위생 마스크(예: VR 전용 위생 마스크)를 미리 준비하는 것이 좋다. 이는 위생을 유지하는 데 도움이 될 뿐 아니라, 내담자가 기기를

〈표 2-5〉 상담에 활용하면 도움이 되는 악세서리

일회용 VR 마스크	Meta Quest 2용 헤드스트랩	Meta Quest 3과 S 호환용 스트랩

〈표 2-6〉 초기 환경 설정

화면	설명
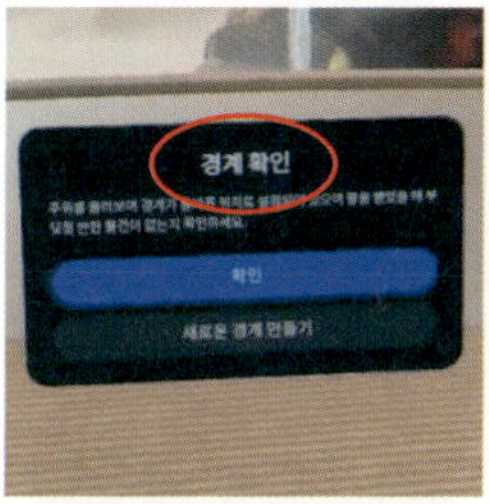 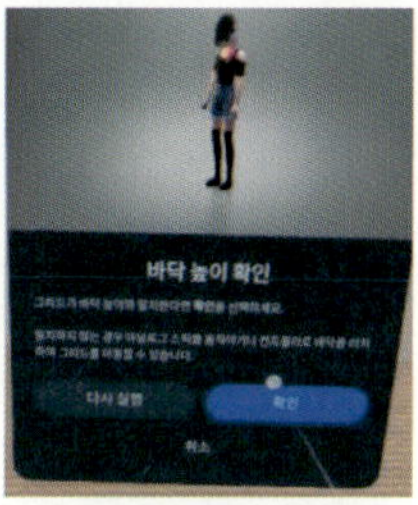  	① 시작 전 경계 설정 • HMD를 착용하면 '경계 확인' 창이 나타난다. • '확인' 버튼을 누르고 지면(바닥) 인식 설정을 시작한다. • 룸스케일의 '고정플레이' 모드를 선택한다. • 컨트롤러를 활용해서 실제 공간에 맞춰 바닥 경계를 직접 그린다. • 경계 설정 완료 후 안전하게 사용이 가능하다.
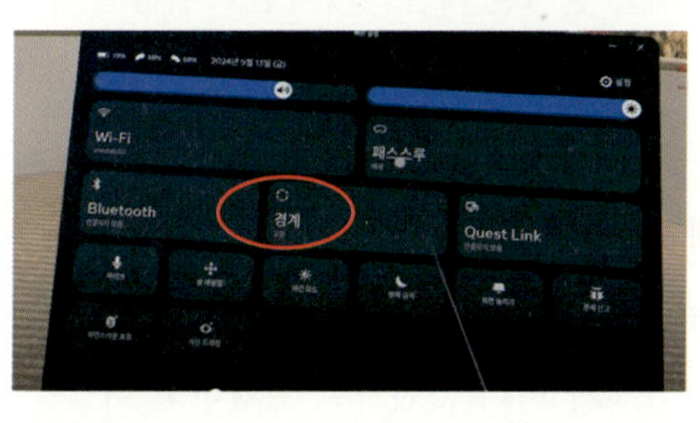	② 경계 재설정 • 사용 중 경계 재설정이 필요할 경우, 우측 컨트롤러 메뉴 버튼(≡)을 클릭한다. • 화면에 열린 메뉴창에서 '경계' 항목을 선택한다. • 중앙 위치가 어긋났을 경우에도, 우측 컨트롤러의 메뉴 버튼을 눌러, 현재 위치를 중앙으로 설정하도록 한다. • 정확한 공간인식 재설정이 가능하다.
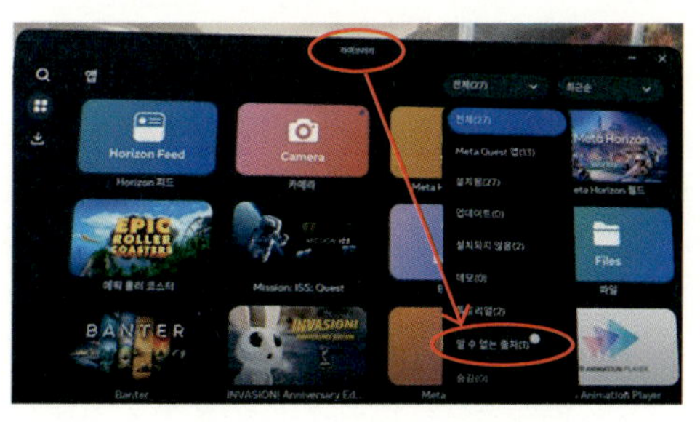	③ 애플리케이션 시작하기 • 홈 화면의 '앱 라이브러리'를 열고 메타스토어에서 미리 다운로드 받은 앱을 선택한다. • 만일 메타스토어에 퍼블리싱된 애플리케이션이 아니라면 오른쪽 상단 '알 수 없는 출처(Unknown Sources)'를 클릭한다. • 설치된 앱 목록에서 원하는 앱 선택 후 실행한다.

보다 편안하게 느끼도록 해 준다. 아울러 스트랩의 오염을 줄이고 착용감을 높이기 위해, 각 기기 모델에 맞는 교체형 헤드스트랩을 별도로 구비해 두는 것도 추천한다.

상담 공간이 정해지면, 방의 크기와 가구 배치에 맞추어 〈표 2-6〉의 ①과 같이 VR 기기의 '경계 설정'을 미리 완료해 두는 것이 중요하다. 이 경계 설정은 사용자의 움직임이 안전한 범위 내에서 이루어지도록 안내하는 기능으로, 내담자가 갑작스럽게 현실 공간의 벽이나 가구에 부딪히는 사고를 예방할 수 있다. 공간이 일정하게 유지된다면 매번 경계를 다시 설정할 필요는 없지만, 간혹 기기가 리셋되거나 경계가 초기화되는 경우가 있으므로 상담을 시작하기 전에 설정 상태를 점검하는 습관을 갖는 것이 바람직하다.

애플리케이션은 메타스토어에서 정식으로 다운로드한 프로그램뿐만 아니라, 외부에서 별도로 설치한 애플리케이션도 사용할 수 있다. 어떤 경우든 기기 내 메뉴에서 원하는 프로그램의 이름을 선택하면 해당 애플리케이션의 홈 화면으로 진입하게 된다. 이후의 조작은 각 애플리케이션에 제공된 매뉴얼이나 상담자가 익힌 사용법에 따라 진행하면 된다. 대부분의 내담자들는 애플리케이션에 대한 사전 정보가 없기 때문에 상담자가 미리 콘텐츠를 실행하고 디스플레이 화면을 확인한 뒤, 내담자가 쉽게 사용할 수 있도록 도울 필요가 있다.

제3장

가상현실 상담: 안정화 기법

안정화 기법은 내담자가 정서적으로 불안정한 상태에 있을 때 불안과 긴장 등을 완화하고 정서적 안정감을 회복하도록 돕는 개입 방법이다. 최근에는 명상과 마음챙김 등 안정화 기법에 대한 접근성을 높이기 위해 모바일 애플리케이션을 비롯한 다양한 형태의 콘텐츠가 개발되고 있다. 그중 VR 기반 콘텐츠는 전통적인 방식의 명상에 익숙하지 않은 내담자도 자연스럽게 명상에 접근하고 몰입할 수 있도록 돕는 효과적인 수단으로 활용할 수 있다. 이 장에서는 먼저 안정화 기법의 대표적인 유형을 살펴보고, 상담에서 활용할 수 있는 대표적인 VR 기반 명상 및 마음챙김 콘텐츠를 소개하고자 한다. 이러한 콘텐츠를 상담에서 효과적으로 활용하기 위해서는, 각 콘텐츠의 특징을 충분히 이해하고 목적에 따라 적절한 콘텐츠를 선택하여 사용할 필요가 있다. 또한 안정화 기법에 VR 기술을 접목할 때의 장점과 유의할 점을 논의하고 실제 적용 사례를 함께 다루고자 한다.

1. 안정화 기법이란 무엇인가

안정화 기법(stabilization technique)은 감정적으로 지나치게 고조되거나 불안정한 상태일 때, 감정과 신체 상태를 조절하고 심리적 균형을 찾도록 돕는 전략을 말한다. 안정화 기법은 특히 트라우마 치료의 초기 단계인 안전 확보 과정에서 주로 활용되며, 내담자가 자신의 신체 감각을 지각함으로써 감정도 명확하게 인식하고 조절할 수 있도록 돕는 데 그 목적이 있다(Punkanen & Buckley, 2021). 이를 통해 내담자는 각성 수준을 스스로 조절하는 능력을 익히고 안전감과 통제감을 회복해 나갈 수 있다(이은아, 2015). 이러한 개입은 내담자가 경험하는 고통과 불안 증상을 완화하는 동시에, 내담자의 내적 자원과 정서적 안정감을 강화하는 데에도 효과적이다(Zehetmair et al., 2018). 안정화 기법은 매우 다양하며, 개인의 특성과 성향에 따라 선호하는 방식이 다를 수 있기 때문에 내담자에게 적합한 기법을 선택하여 적용하는 것이 중요하다. 일반적으로 자주 활용되는 안정화 기법은 다음과 같다.

(1) 복식호흡

복식호흡은 코로 일정하게 숨을 들이쉬고 입으로 내쉬면서 몸속에 산소를 공급하고 긴장과 불안을 완화하는 데 도움을 주는 호흡법이다. 숨을 들이쉴 때는 아랫배가 부풀어오르는 감각에 집중하고, 숨을 내쉴 때는 천천히 숨이 아랫배까지 내려가는 것을 상상하며 아랫배가 묵직해지는 감각에 주의를 기울인다.

(2) 근육 이완 훈련

심리적으로 긴장된 상태에서는 신체에도 자연스럽게 힘이 들어가며, 이러한 근육의 긴장은 다시 심리적 긴장을 높인다. 반대로 마음이 안정될 때 근육이 이완되듯, 신체의 긴장을 풀어 주는 것이 심리적 안정으로 이어질 수 있다. 근육 이완 훈련에서는 편안한 자세로 앉아 호흡을 가다듬은 후, 먼저 신체 각 부위에 의도적으로 힘을 주어 긴장된 감각을 인식하고, 이후 천천히 힘을 풀어 몸의 감각 변화를 알아차리는 연습을 한다.

(3) 착지법

착지법은 발이 땅에 닿는 감각에 집중하여 '지금–여기'의 현재 경험에 주의를 기울이도록 돕는 방법이다. 발바닥을 바닥에 붙이고, 발이 땅을 지지하는 느낌을 충분히 느낀 후, 발뒤꿈치를 가볍게 들었다가 바닥에 힘주어 내리는 동작을 반복하며 바닥의 지지를 느끼도록 한다.

(4) 안전지대 연습

안전지대 연습은 긴장되거나 불안한 상황에서 자신이 안전하다고 느낄 수 있는 장소나 상황을 떠올리는 기법이다. 오감을 활용하여 최대한 생생하고 구체적으로 안전한 공간을 상상함으로써 현재의 불안을 완화하도록 한다.

(5) 마음챙김

마음챙김(Mindfulness)이란 내면의 경험과 외부 자극을 포함한 현재 순간의 경험에 대해 판단하지 않고, 의도적으로 주의를 기울이며 수용하는 태도를 말한다. 이렇게 자신의 감각, 생각, 감정, 그리고 환경에 무비판적으로 주의를 기울이는 능력은 심리적 고통을 완화하고 스트레스를 감소시키는 데 효과적인 것으로 보고되고 있다(Grossman et al., 2004). 마음챙김을 바탕으로 현재 순간에 주의를 기울이는 다양한 실천법들을 마음챙김 기반 개입(Mindfulness-Based Intervention: MBI)이라 부른다. 주요 예시는 다음과 같다.

예시

- 보디스캔(body scan): 마음챙김에 익숙하지 않은 사람도 쉽게 접근할 수 있는 마음챙김 훈련법 중 하나로, 호흡에 집중한 뒤 몸을 '스캔'하는 것처럼 발끝에서부터 머리끝까지 신체의 각 부위로 주의를 옮기며 각 부위에서 느껴지는 감각을 판단 없이 알아차리는 방법이다(Gan et al., 2022).
- 마음챙김 기반 호흡 훈련(Mindfulness-Based Breath Training: MBBT): 스트레스 상황에서는 얕고 빠르게 숨을 쉬거나 일시적으로 호흡을 멈추게 되기도 한다. MBBT는 자신의 호흡을 인식하고 조절할 수 있도록 돕는 훈련법으로, 편안한 자세로 앉아 호흡에만 집중하고 주의가 산만해지더라도 이를 잘못된 것으로 판단하지 않고 다시 호흡으로 주의를 돌리도록 한다(Briere & Scott, 2014/2020).
- 마음챙김 명상(Mindfulness Meditation: MM): 명상이란 내면으로 향하는 연습을 광범위하게 일컫는 말로, 몸과 마음을 스스로 조절하는 다양한 수련법을 포괄한다(Sedlmeier et al., 2012). 그중 마음챙김 명상은 현재의 감각적 순간과 정신적 경험에 대해 판단하지 않고 주의를 기울이는 명상법이다(Crescentini & Capurso, 2015).

- 마음챙김 기반 스트레스 완화(Mindfulness-Based Stress Reduction: MBSR): Kabat-Zinn(1990)에 의해 개발되었으며, 호흡명상, 보디스캔을 포함한 다양한 방법을 활용하는 마음챙김 기반의 개입이다. MBSR은 다양한 연구를 통해 불안 및 스트레스 감소, 삶의 질 향상에 긍정적인 영향을 미치는 것으로 밝혀졌다(De Vibe et al., 2012).

2. VR을 활용한 안정화 기법

명상과 마음챙김은 내담자가 고통스러운 정서나 신체적 반응을 조절하고 심리적 안정을 촉진하는 데 효과적이다. 그러나 일부 내담자들은 명상과 마음챙김을 낯설고 생소하게 느끼며, 이를 일상적으로 활용하는 데 어려움을 겪는다. 이에 따라 내담자가 명상과 마음챙김을 포함한 안정화 기법에 친숙해지고, 일상에서도 스스로 연습할 수 있도록 지원하는 모바일 애플리케이션들이 상용화되고 있다. 하지만 이러한 애플리케이션도 몇 가지 한계점이 존재한다. 예를 들어, 현재의 모바일 애플리케이션들은 기술적 장점을 적극적으로 활용하기보다는 명상에 도움이 되는 콘텐츠를 단순히 제공하는 경우가 많다(오준엽 외, 2018). 이로 인해 음성 지시에 따라 장면을 시각화하는 데 어려움을 느끼거나, 소음 등 외부 환경 요인으로 인해 집중이 쉽게 흐트러지는 내담자들은 여전히 명상과 마음챙김에 몰입하는 데 어려움을 겪고 있다.

이러한 한계를 보완하고자, 최근에는 VR 기술을 기반으로 한 다양한 명상 및 마음챙김 콘텐츠가 개발되어 활용되고 있다. 예를 들어, 유튜브(Youtube) 플랫폼을 통해 360도 영상과 음성 가이드를 결합한 명상 콘텐츠에 손쉽게 접근할 수 있으며, Guided Meditation VR, TRIPP 등 VR 명상에 특화된 애플리케이션들도 상용화되고 있다. VR 콘텐츠는 시각 · 청각 등 다양한 감각 자극과 함께 컨트롤러, 시선 추적 등 상호작용 기술이 적용되어 내담자가 가상 환경을 능동적으로 탐색하며 명상 경험에 몰입할 수 있도록 돕는다. 관련 연구에 따르면, VR 기반 명상은 이완과 스트레스 감소에 유의미한 효과를 보이며(Beshai et al., 2020; Ladakis et al., 2024), 눈을 감고 수행하는 전통적 명상보다 주의 집중을 더 오래 유지하고 명상 상태를 지속하는 데 효과적인 것으로 보고되고 있다(Mistry et al., 2020; Salminen et al., 2024).

현재 활용 가능한 대표적인 VR 기반 명상 및 마음챙김 콘텐츠로는 Guided Meditation VR, LIMINAL, Nature Treks VR, TRIPP 등이 있으며, 이러한 VR 콘텐츠는 가상 환경을 체험하면서 심리적 안정감과 편안함을 경험할 수 있도록 설계되었다(Casu et al., 2024). 각 콘텐츠의 특징과 용도는 〈표 3-1〉과 같다.

〈표 3-1〉 대표적인 VR 기반 명상 콘텐츠

콘텐츠	특징 및 용도
Guided Meditation VR[1]	• 다양한 가상 자연 환경을 탐험하며 명상을 수행할 수 있는 VR 기반 명상 플랫폼 • 내담자가 200개 이상의 배경 음악과 40개 이상의 가상 자연 환경(예: 폭포, 설산, 숲) 중에서 자신이 원하는 환경을 선택할 수 있음

<table>
<tr>
<td></td>
<td>
• 30시간 이상의 주제별 명상 가이드 음성(예: 우울, 용서, MBSR)을 제공하며 설정에 따라 가이드 음성 없이 명상을 진행할 수도 있음. 가이드 음성 없이 명상을 진행할 경우에는 사전에 설정한 시간에 맞추어 명상 세션이 종료됨
• 내담자가 가상 환경과 상호작용하기보다는 고정된 시각 자극 속에서 명상에 집중할 수 있도록 설계됨
• 컨트롤러 없이 손만으로 VR 환경의 구성 요소를 조작하거나 이동할 수 있는 손 제스처 트래킹 기능을 지원하므로, 컨트롤러 조작에 어려움을 느끼는 내담자도 쉽게 활용할 수 있음

</td>
</tr>
<tr>
<td>LIMINAL[2)]</td>
<td>
• 프로그래머, 디자이너, 신경과학자 및 심리학자로 구성된 연구팀이 협력하여 개발한 명상 콘텐츠로, 사용자가 자신의 정서와 인지 상태를 조절할 수 있도록 돕는 신경과학 기반의 짧은 집중형 VR 명상 경험을 제공함
• 명상 콘텐츠는 Calm, Energy, Relief, Awe, Focus, Sleep의 6개 세션으로 구성되어 있으며, 각 세션은 특정 감정적, 인지적 상태를 유도하도록 설계됨
• 예를 들어, Calm 세션은 차분한 음악과 가상 환경을 통해 이완을 돕고, Focus 세션은 특정 지점이나 사물에 집중하도록 설계된 시각적 경험을 제공해 주의 집중을 훈련할 수 있도록 함
• 이 외에도 빠른 반응과 집중력을 요구하는 게임 형식의 Energy, 통증 완화를 목적으로 하는 Relief, 우주 가상 환경을 활용해 경이로움과 몰입을 자극하는 Awe, 수면을 유도하는 Sleep 세션 등 다양한 목적에 따라 필요한 세션을 선택적으로 활용할 수 있음
• Meta Quest에서만 호환되며, 무료 버전의 경우 사용자가 원하는 환경을 자유롭게 선택할 수 없고 모든 세션에 접근할 수 없다는 한계가 있음
</td>
</tr>
</table>

1) Cubicle Ninjas. (n.d.). https://guidedmeditationvr.com/

2) Liminal VR. (n.d.). https://liminalvr.com/

Nature Treks VR[3]	• 영국 정부기관과 Greener Games가 공동 개발한 탐험형 명상 콘텐츠로, 다양한 가상 자연 환경 속에서 심리적 치유를 경험할 수 있도록 설계됨 • 별도의 가이드 음성을 제공하지 않고 사용자가 자연 환경 속에서 자율적으로 명상을 하도록 함. 다양한 배경 음악이 제공되지만 필요에 따라 음소거하여 진행할 수 있음 • 콘텐츠 내 15개의 자연 환경은 날씨와 시간대를 자유롭게 조절할 수 있어, 내담자가 편안하고 안전하다고 느끼는 환경으로 설정할 수 있음 • 땅에 씨앗을 뿌리거나 나뭇가지를 잡아 새가 손으로 날아들게 하는 등 자연 환경 속 다양한 요소와의 상호작용이 가능함 • Meta Quest, Oculus Rift, HTC Vive, Windows Mixed Reality 등 다양한 HMD 기기와 호환되며, 제공되는 자연 환경 콘텐츠는 기기 및 버전에 따라 일부 차이가 있음 

3) Greenergames. (n.d.). https://www.greenergames.net/nature-treks

4) TIRPP Inc. (n.d.). https://www.tripp.com/

<table>
<tr><td>TRIPP[4)]</td><td>• 정서 조절과 심리적 웰빙을 목표로 개발된 VR 기반 명상 및 심리 지원 플랫폼으로, 100개 이상의 몰입형 명상 경험을 제공함
• 사용자의 현재 감정 상태에 따라 맞춤형 오디오 및 비디오 콘텐츠(Focus, Calm, Sleep, Ascend, Escape)를 제공함
• Focus 세션은 약 6~8분 동안 가이드 음성과 함께 진행되며, 호흡 명상 후 움직이는 물체에 시선을 맞추어 블록을 피하는 몰입형 게임 형태의 과제를 수행함으로써 주의 집중과 이완을 동시에 도움. 단, 제공되는 VR 그래픽이 추상적 패턴으로 구성되어 있어 사용자에 따라 다소 어지럽게 느껴질 수 있음
• Calm 세션은 10분, 20분, 30분 등 원하는 시간을 선택하여 진행할 수 있으며, 다양한 자연 풍경 속에서 호흡에 맞춰 빛이 들어오고 나가는 시각적 표현을 통해 호흡 조절을 유도함. 필요에 따라 가이드 음성을 끄고 명상을 진행할 수 있음
• VR 헤드셋을 통해 호흡패턴 등 사용자의 생리적 지표를 수집하여 맞춤형 명상 경험을 지원함
• 모바일, Apple Vision Pro, Meta Quest, Pico 3/4, Playstation VR 등 다양한 기기와 호환됨
• Guided Meditation VR과 마찬가지로, 손 제스처 트래킹 기능을 지원하여, 컨트롤러 조작에 익숙하지 않은 경우에도 쉽게 조작할 수 있음

</td></tr>
</table>

앞에서 소개한 VR 기반 명상 및 마음챙김 콘텐츠들은 현재 대부분 영어로 제공되고 있어 국내 사용자들이 활용하는 데에는 한계가 있다. 또한 국내 환경과 사용자 특성을 반영한 VR 기반 명상 콘텐츠의 개발 및 상용화 역시 아직 초기 단계에 머물러 있어, 향후 이를 보완하기 위한 지속적인 연구와 콘텐츠 개발이 필요하다.

3. VR 기반 안정화 기법의 장점

VR 기반 안정화 기법은 높은 현실감과 몰입감을 제공하며, 명상이나 마음챙김에 익숙하지 않은 내담자들이 이러한 접근법에 보다 쉽게 적응하고 익숙해질 수 있도록 돕는다. VR을 활용한 안정화 기법의 구체적인 장점은 다음과 같다. 먼저, VR 기반 명상은 명상에 대한 몰입이나 심상화에 어려움을 겪는 내담자들이 명상의 기본적인 원리를 익히는 데 효과적인 도구가 될 수 있다. VR 콘텐츠는 여러 감각을 복합적으로 자극하도록 설계되어 있어(예: 다양한 자연 경관을 포함한 시각 자극, 바람 소리나 물 소리와 같은 청각 자극, 진동 피드백의 촉각 자극), 심상화에 익숙하지 않은 내담자들도 자연스럽게 명상에 몰입할 수 있다. 예를 들어, 안정화 기법 중 '안전지대 연습'에서 내담자가 자신에게 안정감을 주는 장소를 생생하게 상상하는 데 어려움을 느끼는 경우, VR을 활용한 개입은 유용한 대안이 될 수 있다. 내담자는 자신이 편안하게 느끼는 공간의 시각적 · 청각적 요소를 VR 콘텐츠를 활용해 직접 경험하며 불안을 완화하는 연습을 하고, 이를 점차적으로 VR 기기가 없는 환경에서도 적용해 나갈 수 있을 것이다.

또한 대부분의 VR 기반 안정화 콘텐츠는 사용자가 가상 환경 내 요소들과 능동적으로 상호작용할 수 있도록 설계되어 있다. 이러한 상호작용 과정은 내담자의 호기심을 자극하고 감각 자극에 집중하도록 유도하며, 외부의 방해 요소로부터 주의를 차단하여 내담자가 자신의 신체 감각과 내면의 경험에 더욱 집중할 수 있도록 돕는다

(Döllinger et al., 2021; Zhu et al., 2017). 예를 들어, TRIPP과 같은 콘텐츠에서는 사용자의 시선에 따라 움직이는 블록을 피하는 활동이 있는데, 이러한 활동은 주의가 쉽게 산만해지는 내담자들이 명상에 집중할 수 있도록 도울 수 있다. 결과적으로, VR 기술은 안정화 기법의 접근성을 높이고, 내담자의 긴장이나 불안을 완화시키는 데 효과적인 수단으로 활용될 수 있다.

4. VR 기반 안정화 기법 활용 시 유의 사항

VR 기반 안정화 기법이 효과적으로 활용되기 위해서는 이 기법의 한계를 충분히 이해하고, 필요한 상황에서 적절하게 적용하는 것이 중요하다.

(1) 개입 전: VR 장비 사용에 대한 안내

- 개입을 시작하기 전에 내담자가 VR 기기 사용 경험이 있는지, 기기 사용에 어려움을 느끼는지 여부를 확인해야 한다. 명상에 익숙한 숙련자이거나, 시각 자극에 쉽게 피로감을 느끼거나 HMD 사용에 거부감을 보이는 내담자의 경우에는 VR 기반 명상보다는 전통적인 심상 명상 기법을 적용하는 것이 더 적절할 수 있다.
- 명상 도중 HMD 기기를 잘못 착용하면 화면 초점이 맞지 않거나 신체적 불편감이 발생하여 명상의 흐름이 방해될 수 있다.

따라서 사전에 HMD 기기 착용법과 콘텐츠 활용 방법을 충분히 안내해야 한다. 또한 조작에 어려움을 느끼는 내담자에게는 HMD 기기와 명상 콘텐츠 조작법을 익힐 수 있도록 충분한 연습 시간을 제공하는 것이 중요하다.

- HMD 기기를 장시간 착용하면 사이버 멀미(예: 두통, 어지러움, 메스꺼움) 증상을 경험할 수 있다. 따라서 VR을 활용한 개입은 짧은 시간 동안 집중적으로 진행하는 것이 효과적이다. 만약 내담자가 관련 증상을 호소할 경우 즉시 기기 사용을 중단해야 한다.
- 콘텐츠 내 움직임이 클수록 사이버 멀미가 더 심각할 수 있는데, 안정화 기법에 활용되는 콘텐츠들은 비교적 움직임이 적어 이러한 부작용의 가능성은 낮은 편이다. 그럼에도 불구하고 내담자에 따라 어지러움을 호소할 수 있으므로, 사전에 관련 증상에 대해 안내하고 휴식의 중요성을 강조할 필요가 있다.

(2) 개입 중: VR 활용 중 나타날 수 있는 부정적인 심리적 반응에 대한 대응

- 생생하고 사실적인 가상 환경은 현존감을 높여 명상에 몰입하는 데 도움을 줄 수 있지만, 일부 내담자에게는 놀람이나 두려움과 같은 부정적 정서를 유발할 수 있다. 이러한 경우에는 VR 기반 명상보다는 전통적인 심상 명상을 활용하는 것이 더 적절하다.
- VR을 통해 제시되는 가상 환경이 내담자의 명상 수행에 영향을 미칠 수 있다(Seabrook et al., 2020). 예를 들어, VR 명상 콘텐츠에서 제공하는 광활한 자연 환경은 일부 내담자에게는 편안함을 제공할 수 있지만, 다른 내담자에게는 압도감을 느끼게 하

거나 불안을 유발할 수 있다. 따라서 내담자가 심리적 안정감을 느낄 수 있는 환경을 선택할 수 있도록 사전에 충분한 안내와 시간을 제공할 필요가 있다.

(3) 개입 후: 경험 정리 및 후속 개입 설계

VR을 활용하여 안정화 기법을 진행한 후에는 내담자가 그 과정에서 경험한 감정이나 신체 반응을 언어화하여 정리할 수 있도록 도와야 한다. 상담자는 개입 종료 후 내담자의 정서 상태를 세심하게 점검하고, 필요시 추가적인 안정화 기법을 적용해야 하며, 이러한 과정을 향후 VR 활용 개입 계획에 반영할 필요가 있다.

5. VR 기반 안정화 기법의 사례

VR 명상과 심상 명상의 효과성 비교

Jo 등(2024)은 한국 성인 70명을 대상으로 VR 기반 명상과 전통적인 심상 명상이 스트레스 및 부정 정서 감소에 어떤 영향을 미치는지 비교하고, 명상 초심자와 숙련자 간 명상 집중도의 차이를 분석하였다.

▫ 연구 진행 과정

1. 총 70명의 한국 성인을 대상으로, 36명을 VR 기반 명상 조건(VR 조건), 34명을 심상 기반 명상 조건(심상 조건)에 무작위 배정하였다.
2. 실험 전 참가자들에게 연구의 목적과 절차, 비밀 유지에 대해 설명하고, VR 조건의 참가자들에게는 VR 기기 사용 시 발생할 수 있는 부작용에 대해 추가로 안내하였다.

3. 명상 시작 전 심박수, 피부전도반응(Galvanic Skin Response: GSR), 부정 정서를 측정하고, 명상 경험 여부를 확인하여 명상 초심자와 숙련자의 차이를 분석할 수 있도록 하였다.
4. 명상은 약 18분 동안 진행되었으며, VR 조건과 심상 조건 모두 호흡 명상과 폭포 집중 명상으로 구성되었다.
   (1) VR 조건에서는 VR 명상 콘텐츠 중 Guided Meditation과 TRIPP을 활용하였다. 콘텐츠 내에서 제공하는 영어 가이드 음성은 음소거하고 연구자가 한국어 가이드 음성을 제공하였다. 호흡 명상은 Guided Meditation을 활용하여 진행하였고, 이후 TRIPP을 통해 폭포 집중 명상을 실시하였다.
   (2) 심상 조건에서는 참가자들이 편안한 자세로 눈을 감고 앉아 연구자의 음성 안내에 따라 폭포와 같은 장면을 심상화하며 명상을 수행하도록 하였다.
5. 명상이 종료된 후 모든 참가자를 대상으로 심박수, 피부전도반응, 부정 정서, 집중도에 대한 사후 측정을 실시하였으며, 명상 경험에 대한 개방형 질문에도 응답하도록 하였다.

ㅁ 연구 결과

VR 기반 명상과 심상 기반 명상 모두에서 심박수, 피부전도반응, 부정 정서가 유의미하게 감소하여, VR 기반 명상이 스트레스 감소에 긍정적인 효과가 있는 것으로 나타났다. 두 집단 간의 효과 차이는 통계적으로 유의미하지 않았지만, VR 조건에서 명상 중 집중도가 심상 조건보다 유의미하게 더 높은 것으로 확인되었다. 참가자들은 이러한 집중도 향상이 VR 명상의 몰입적인 특성 때문이라고 보고하였다. 특히 명상 초심자들의 경우 VR 기반 명상이 심상 명상에 비해 집중도를 더 높이는 경향을 보여, 명상 경험이 없는 이들에게 VR 기반 명상이 보다 효과적인 개입 수단이 될 수 있을 것으로 보인다. 실험 종료 후 참가자들의 명상 경험에 대해 알아본 결과, 많은 참가자들이 VR 명상이 제공하는 시각적 · 청각적 자극을 통해 몰입과 집중을 잘 할 수 있었다고 응답하였다. 이는 명상에 낯설거나 심상화 및 집중에 어려움을 느끼는 내담자들에게 VR이 효과적인 대안이 될 수 있음을 보여 준다.

한편, 일부 참가자들은 VR 기기 착용으로 인한 물리적 불편감과 영상 화질 문제 때문에 명상에 집중하는 데 어려움을 겪었다고 보고하였다. 구체적으로, HMD 착용 시 머리에 가해지는 압박감, 기기 부품이 시야에 보이는 문제, 낮은 해상도 등이 몰입과 집중을 방해하는 요인으로 지적되었다. 이러한 기술적 한계는 VR 기반 명상이 임상 현장에서 보다 효과적으로 활용되기 위해 앞으로 보완되어야 할 과제이다.

기질 특성에 따른 명상 효과: VR 명상과 심상 명상의 비교

조민경 등(2024)은 VR 기반 명상과 심상 기반 명상의 효과를 비교하고, 개인의 기질에 따라 두 명상 방법의 효과가 어떻게 달라지는지를 살펴보았다.

ㅁ 연구 진행 과정

참가자는 20세 이상의 성인 총 70명으로 구성되었으며, VR 기반 명상 집단(VR 집단)에 36명, 심상 기반 명상 집단(심상 집단)에 34명이 무작위로 배정되었다. 명상을 시작하기에 앞서 참가자들의 기질 검사(TCI)와 부적 정서에 대한 사전 설문 및 심박 변이도 측정 센서(Ubpulse T1)를 부착하여 명상 전 심박 변이도(SDNN[5)], TP[6)])를 측정하였다. VR 집단의 참가자들에게는 약 10분간 HMD 착용 및 조작 방법을 안내하였다.

VR 집단과 심상 집단 모두 총 18분간 명상을 실시하였으며, 명상은 8분의 호흡 명상과 10분의 집중 명상으로 구성되었다. 명상 종료 후 두 집단 모두 부정 정서에 대한 사후 설문에 응답하였으며, 이후 심박 변이도 측정 센서(Ubpulse T1)를 부착하여 명상 후 심박 변이도(SDNN, TP)를 측정하였다.

ㅁ 연구 결과

VR 집단과 심상 집단 모두에서 명상 후에 부적 정서가 유의미하게 감소하고 심박 변이도의 지표인 SDNN와 TP가 유의미하게 증가하였다. 이는 명상이 부적 정서 완화와 자율신경계의 조절 능력 향상에 효과적임을 의미한다. 또한 참가자의 기질 특성에 따른 명상 효과의 차이를 분석한 결과, 자극 추구 성향이 높은 참가자들은 두 집단 모두에서 부적 정서 감소와 SDNN 증가가 나타난 반면에 TP는 VR 집단에서만 유의하게 증가하였다. 이는 VR 기반 명상의 몰입적 감각 자극이 이들에게 보다 빠른 생리적 반응을 유도할 수 있음을 시사한다.

---

5) SDNN(Standard Deviation if the NN Interval)은 심장박동수의 변동성을 의미하며, 짧은 시간 동안의 자율신경계 변화를 반영한다.

6) TP(Total Power)는 전체 주파수 영역의 합으로 자율신경계 전체의 활동성을 반영한다.

다음으로, 위험 회피 성향이 높은 참가자들은 VR 기반 명상 후 부적 정서 감소와 SDNN, TP 증가가 모두 나타난 반면, 심상 명상에서는 부적 정서만 유의하게 감소하였다. 이는 위험 회피 성향이 높으면 심상 명상 상황에서 불안을 더 많이 경험했음을 의미한다. 이에 반해, 사회적 민감성이 낮은 참가자들은 두 집단 모두에서 부적 정서만 유의하게 감소하였고, SDNN과 TP에서는 유의미한 변화가 나타나지 않았다. 이는 사회적 민감성이 낮은 사람들이 외부 자극뿐 아니라 자신의 내적 경험에도 비교적 덜 민감하기 때문일 수 있다. 따라서 이들에겐 명상을 시작하기 전 충분한 시간을 가지고 자신의 내적 경험을 관찰하는 연습이 필요하겠다.

결과적으로, 자극 추구 성향이 높거나 위험 회피 성향이 높은 내담자들에게는 심상 명상보다는 VR 기반 명상이 더 효과적일 수 있다. 다만, VR 기반 명상은 초기 단계에서 몰입을 돕는 수단으로 활용하고, 내담자가 익숙해짐에 따라 점진적으로 심상 명상으로 전환하는 것이 바람직하겠다.

제4장

가상현실 상담: 행동활성화

행동활성화(Behavioral Activation)는 인지행동치료 접근법 중 하나로, 우울장애 치료에 있어 대표적인 근거 기반 치료(evidence-based therapy)로 소개될 만큼 효과성이 입증된 기법이다. 뿐만 아니라, 우울장애 외에도 PTSD, 불안장애, 사회공포증 등 다양한 증상에도 효과적으로 활용되고 있다. 최근에는 행동활성화를 VR 상담에 접목하려는 시도가 활발하게 이루어지고 있으며, 연구 결과 대면 치료만큼 치료적 효과가 있음이 확인되고 있어 활용도가 높아질 것으로 예상된다. 이 장에서는 행동활성화의 이론적 배경과 주요 치료 기법을 살펴보고 VR을 활용한 행동활성화의 효과성 및 장점, 실제 사례를 함께 고찰하고자 한다.

1. 행동활성화란 무엇인가

행동활성화(Behavioral Activation: BA)는 행동 변화를 통해 정서 변화를 유도하는 3세대 인지행동치료 접근법이다. 예를 들어, 신선한 공기를 마시거나 아름다운 자연 풍광을 감상하는 것, 가볍게 몸을 움직여 땀을 흘리는 것, 텃밭을 가꾸거나 주변을 정리하는 활동들은 즐거움, 상쾌함, 행복감과 같은 긍정적인 정서를 유발할 수 있다. 이처럼 긍정적 정서를 불러일으킬 수 있는 활동에 참여함으로써 정서 변화를 촉진하는 것이 행동활성화의 핵심이다. 행동활성화의 대표적인 이론가인 Lewinsohn(1974)은 우울증을 긍정적인 감정을 초래할 수 있는 활동이 유의하게 감소된 상태로 개념화하며, 즐거움과 의미를 느낄 수 있는 활동에 의도적으로 참여하는 것이 중요하다고 강조하였다. 예를 들어, 우울증 환자가 무기력하게 하루를 보내며 우울한 상태가 지속되는 것을 막기 위해, 창문을 열거나 밖으로 나가 산책을 하는 등 기분과 무관하게 행동하도록 유도함으로써 일상 속에서 작은 성취나 즐거움을 경험하고 이를 통해 기분을 개선할 수 있도록 돕는 것이 중요하다. 행동활성화는 우울장애의 대표적인 근거 기반 치료이며, 이 외에도 PTSD, 불안장애, 조현병의 음성증상(송승권, 황성하, 2021), 만성통증(Walsh et al., 2022), 사회공포증(전민지, 2021) 등 다양한 심리적 증상에 효과적인 것으로 보고된다.

최근에는 디지털 매체를 활용한 행동활성화 개입 연구도 점차 증가하고 있다. 예를 들어, 인터넷 기반 행동활성화 치료(iBA)는 우울증 치료에서 인터넷 기반 인지행동치료(CBT)나 마음챙김 기반 치료와 유사한 수준의 효과를 보였으며(Alber et al., 2023), 은둔형 외톨이를 대상으로 한 비대면 행동활성화 프로그램에서는 부정 정서를 수반한 활동이 감소하고 긍정 정서를 수반한 활동이 증가하는 변화가 관찰되었다(나기회, 권해수, 2024). 이처럼 디지털 매체를 활용한 행동활성화 개입의 활용 가능성은 점차 확장되고 있음을 보여 준다.

1) 행동활성화 치료 기법

행동활성화의 치료 기법은 Kanter 등(2010)이 다음과 같이 여덟 가지로 정리하였다. 이들 기법은 내담자의 상태와 상황에 따라 선택적으로 적용할 수 있다. 각 치료 기법의 내용을 간략하게 살펴보면 다음과 같다.

- 일상활동 모니터링(activity monitoring): 모든 행동활성화 매뉴얼에 등장할 정도로 가장 기본적인 개입 방법이다. 내담자는 일상활동 기록지(daily activity log)에 1시간 단위로 매일의 활동을 기록한다. 일상활동을 기록한 후 이를 바탕으로 새로운 행동에 대한 계획을 수립할 수 있다.
- 수반성 관리(contingency management): 행동의 기능을 분석하는 개입으로, 내담자가 처한 환경에서 긍정적이고 기능적인 상호작용을 촉진하는 행동을 파악하고, 이를 증가시키도록 돕는다.
- 가치 및 목표 평가(values and goals assessment): 활성화할 행동을 보다 명확히 설정하고, 내담자에게 적합한 강화물을 찾는 개입이다. 개인마다 효과적인 강화 요인이 다르므로, 내담

자의 가치와 목표를 탐색하여 개인화된 동기와 보상을 찾아낼 수 있다.

- 활동계획(activity scheduling): 모든 행동활성화에서 핵심적으로 활용되는 개입으로, 일상활동 평가, 수반성 관리, 가치 및 목표 평가를 토대로 내담자에게 적합한 활동을 선택하고 이를 실행할 수 있도록 구체적인 계획을 수립하는 과정이다.
- 언어적 행동 다루기(procedures targeting verbal behavior): 겉으로 표현하는 언어뿐만 아니라 자기비판적 사고와 자기 대화(self-talk)에 초점을 두는 개입이다. 언어적 행동 다루기는 부정적 정서를 유발하는 혼자만의 생각이나 일상적 표현(예: "나는 못 해." "나는 또 실수할 거야." 등)들을 파악하여 이러한 부정적 언어의 빈도를 줄이고, 긍정적 언어의 빈도("나는 할 수 있어.")를 늘리는 것을 목표로 한다.
- 회피행동 다루기(targeting avoidance): 우울한 기분을 완화하기 위해 단기적인 보상으로 선택하는 회피행동(예: 집 안에만 머무르기, 음주 등)을 파악하고, 이를 대체할 수 있는 대안 행동을 선택하고 활성화하도록 돕는 개입이다.
- 기술 훈련(skills training): 사회적 기술 훈련과 비사회적 기술 훈련으로 구분된다. 사회적 기술 훈련은 모델링, 역할연기, 자기주장 훈련, 대인관계 및 의사소통 기술 훈련을 포함하며, 비사회적 기술 훈련은 키오스크 사용하기, 핸드폰으로 영화 예매하기와 같이 비사회적 장면에서 필요한 문제 해결 능력을 향상시키는 훈련을 의미한다.
- 이완 훈련(relaxation): 행동활성화의 핵심 구성요소는 아니지만, 보조적 개입이나 통합적 전략으로 활용될 수 있다. 예를 들어,

새로운 행동을 시도할 때(예: 외출, 발표 등) 스트레스나 긴장이 높을 경우 긴장을 완화하고 심리적 안정감을 향상시키는 데 활용할 수 있다.

2. VR을 활용한 행동활성화

VR을 활용한 행동활성화는 최근 몇 년간 주목받고 있는 치료 개입 방법 중 하나이다. VR의 기술적 강점은 기존 행동활성화 기법의 한계를 보완하는 데 있어 매우 유용하게 활용될 수 있다는 것이다. 행동활성화 기법은 많은 내담자에게 효과적이지만, 긍정적 효과를 얻기 위해서는 내담자가 스스로 계획한 활동에 적극적으로 참여한다는 전제가 필요하다. 그러나 우울증이 심각한 내담자들의 경우, 계획한 행동을 직접 수행하는 것 자체가 큰 도전이 될 수 있다. 또한 계획한 행동이 항상 예상대로 긍정적인 결과를 가져오는 것도 아니다. 예를 들어, 한 내담자가 다음 회기까지 창문을 열고 환기를 시키며 바깥 풍경을 즐기겠다는 행동 계획을 세웠지만, 궂은 날씨로 인해 기대했던 긍정적인 정서적 환기를 경험하지 못하고 오히려 좌절감을 크게 느낄 수 있다.

VR을 이용한 행동활성화는 이러한 한계들을 보완할 수 있다. VR의 몰입적 환경은 비록 간접적인 경험이지만 눈앞에 생생한 상황을 제시하여 긍정적인 감정을 유도할 수 있다. 또한 사용자의 흥미를 높여 지속적인 참여를 유도하고, 이를 통해 새로운 행동을 시도할 수 있다는 용기를 북돋아 준다. VR 기반 치료에 참여한 사람들은 치료 효과뿐만 아니라 기술의 몰입감과 흥미 유발 측면에서도 긍정적인 평가를 하였다. 특히 행동활성화에 심상 기법을 적용한 심상 결합 행동활성화(BAT-Imagery: BAT-I)는 일반적인 행동활성화에 비해 활동 동기와 활동 참여율을 유의미하게 향상시키는 것으로 나타났다(윤수정, 심은정, 2024). 활동 동기와 활동 참여율은 행동활성화의 효과를 결정짓는 핵심 요소로, 심상 등 감각자극을 활용하는 VR 기반 개입이 효과적으로 활용될 수 있음을 보여 준다.

VR 개입의 효과성을 확인한 연구들을 살펴보면, VR 기반 행동활성화가 기존 행동활성화 치료와 유사한 효과를 보이며, VR뿐만 아니라 XR(확장현실) 기반 행동활성화 역시 효과적인 것으로 확인되었다(Paul et al., 2022; Paul et al., 2024). 이는 기존 행동활성화의 치료적 효과를 VR 환경에서도 충분히 구현할 수 있음을 시사한다. 대표적인 행동활성화 치료 적용 증상인 우울증에서 VR 기반 행동활성화를 실시했을 때, 우울 증상이 유의미하게 감소하였고(Colombo et al., 2022; Paul et al., 2020), 무쾌감증(anhedonia)에도 유의미한 효과(Chen et al., 2021)가 있는 것으로 보고되었다. 이 외에도 기존의 운동치료와 같은 전통적 기법에 반응하지 않던 내담자들이 VR 기반 원예치료에 참여했을 때, 유의미한 긍정 정서의 향상이 나타난 것으로 보고되었다(Naylor, 2022).

아직까지 VR을 이용한 행동활성화 기법에 대한 연구가 많지 않아(Pavic et al., 2022) 임상 적용 시 신중한 접근이 필요하다. 하지만 현재까지의 연구 결과는 VR 기반 행동활성화가 기존 치료법의 한계를 보완하고, 내담자의 참여 동기와 치료 경험을 향상시킬 수 있는 잠재력을 지니고 있음을 보여 준다. 앞으로 보다 다양한 임상 집단과 치료 장면에서 연구들이 이루어진다면, VR 기반 행동활성화의 효과성과 적용 가능성에 대한 근거를 축적할 수 있을 것으로 기대된다. 따라서 상담자들은 실제 임상 현장에서 VR을 활용한 행동활성화를 적용할 때 최신 연구 동향을 지속적으로 확인할 필요가 있겠다.

VR 기반 행동활성화에 활용할 수 있는 콘텐츠로는 먼저 치료적 개선을 목적으로 개발 및 상용화된 프로그램들이 있다. 대표적으로 SparkRx와 국내의 CHEEU.Forest가 있는데, 이들 프로그램은 의료진의 처방을 통해 접속하거나 치료 기관을 방문해야만 이용할 수 있다. 이에 반해 Spark Direct는 SparkRx의 상용화 버전으로, 구동 가능한 기기를 보유하고 있으면 일반인도 사용할 수 있다. 이 외에도 치료 목적으로 개발되지는 않았지만, 가상 산책, 원예, 운동과 같은 VR 콘텐츠는 행동활성화의 치료 원리에 맞게 응용하여 사용될 수 있다. 예를 들어, YouTube에서 '몰입형 360도 비디오' 콘텐츠를 검색하여 활용하거나, Nature Treks VR, National Geographic Explore VR과 같은 VR 애플리케이션을 사용할 수 있다. 〈표 4-1〉에 관련 콘텐츠의 특징과 용도를 제시하였다.

〈표 4-1〉 대표적인 VR 기반 행동활성화 콘텐츠 예시

콘텐츠	특징 및 용도
Spark Direct	• Limbix사에서 개발한 디지털 치료제인 SparkRx의 일반인용 버전 • 만 13세 이상 청소년의 우울감 완화를 목적으로 행동활성화와 인지행동치료 원리를 바탕으로 개발됨 • 내장된 가상의 로봇 Limbot의 가이드에 따라 진행되며, VR 헤드셋을 착용하여 다양한 활동에 참여할 수 있음 • 세부 프로그램에는 기분, 감정, 행동에 대한 이해, 행동활성화 기법, 문제 해결 전략, 마음챙김 연습 등이 있음

CHEEU.Forest	• 강남세브란스병원과 (주)마인즈에이아이 R&D 센터가 공동으로 개발한 인지행동치료 기반의 프로그램으로, 스트레스 관리 및 정서 조절 훈련을 목표로 함 • 프로그램은 총 3단계로 구성되어 있으며, 마음 알아보기 → 마음 배우기 → 마음 훈련하기의 순서로 진행됨 • '마음 알아보기' 단계에서는 정신건강 상태 평가를 위해 성인 애착유형, 성장기 부정적 경험, 자살 위험성, 마음 헤아리기 능력, 회복탄력성, 우울 증상 등 총 여섯 가지 심리검사가 실시됨 • '마음 배우기' 단계에서는 정신건강을 위한 심리교육이 제공됨. 예를 들어, 정신건강의학과에 대한 오해와 편견, 우울증의 원인과 치료, 스트레스 관리 방법, 마음 헤아리기의 중요성 등에 대한 교육이 포함됨 • '마음 훈련하기' 단계에서는 인지행동치료를 적용한 인지행동치료를 적용한 마음 훈련이 진행되며, 감정조절 훈련, 힘든 순간 견뎌내기, 대인관계 의사소통, 마음챙김 훈련 기술 등이 포함됨
Nature Treks VR 	• 자연 속에서의 휴식, 감정 안정, 명상, 심리적 이완에 중점을 둔 애플리케이션으로, 사용자가 자신의 취향에 맞게 환경을 꾸미고 자연과 상호작용할 수 있다는 장점이 있음 • 열다섯 가지 이상의 독특한 자연 테마 월드(예: 해변, 열대섬, 겨울 숲, 우주)와 60종 이상의 동물과의 만남(예: 코끼리, 돌고래, 나비, 토끼, 물고기, 여우, 새, 공룡)을 제공함 • 감정 기반 테마로 구성되어 있어 사용자의 감정 상태(예: 평온, 활력, 고요함, 내면 집중)에 따라 색감, 음악, 자연음 등이 최적화되어 감정 조절을 도움 • 다양한 환경 요소와 상호작용이 가능하며, 예를 들어 나비를 소환하거나 꽃을 피우는 등의 활동을 수행할 수 있음 • 자유 이동 또는 블링크 텔레포트 방식을 선택할 수 있고, 스냅 회전, 팔 휘두르기 등의 이동 방식도 제공됨 • 날씨, 시간대, 환경 요소(예: 나무, 꽃, 동물)를 사용자가 직접 조작할 수 있음

	• 명상 및 마인드풀니스 도구(예: Meditation Lotus)와 자연음, 음악이 제공되며, 별도의 텍스트나 음성 없이 가이드 없는 자유 명상 환경을 제공함 • 장비: Meta Quest와 호환
National Geographic Explore VR 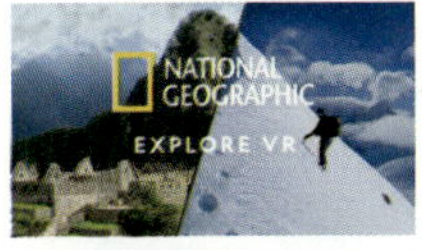   	• 내셔널지오그래픽이 제작한 탐험형 VR 애플리케이션으로, 사용자가 내셔널지오그래픽 탐험가가 되어 전 세계의 상징적 장소를 여행하며 사진을 찍고, 다양한 미션을 수행할 수 있음 • 360도 시점의 생생한 자연 환경을 재현하여 현장감을 극대화하였음 • 내셔널지오그래픽의 탐험 및 연구 결과를 토대로 제작되어 교육적 신뢰도가 높으며, 고화질 그래픽과 사실적 사운드를 통해 실제 탐험처럼 느껴지는 환경을 제공함 • 환경 및 지형과의 상호작용 활동(예: 펭귄 관찰, 고고학 유물 조사, 눈 속에서 길 찾기)도 포함됨. VR 컨트롤러를 이용하여 눈 속을 헤치거나 유물을 직접 조사하는 등의 참여형 학습이 가능함 • 안내 음성과 함께 진행되어 탐험의 이야기와 의미를 이해할 수 있도록 구성되어 있으며, 역사, 문화, 지리 등 다양한 학문적 요소를 학습할 수 있음 • 몰입형 환경과 사실적인 디지털 재현을 통해 체험이 제공되며, 가족 단위의 체험도 가능함 • 장비: Meta Quest와 호환

3. VR 기반 행동활성화의 장점

(1) 즉각적인 행동-피드백 제공

현실에서의 행동활성화는 선택한 행동에 대한 긍정적인 보상이 항상 뒤따르지는 않는다. 반면, VR에서는 즉각적인 감각적 보상이 가능하다. 예를 들어, VR에서 내담자가 커튼을 젖히거나 창문을 열면 늘 따뜻한 햇살과 멋진 풍경이 펼쳐진다.

VR 환경에서 회피하지 않고 지속적으로 참여하는 경험은 현실에서도 유사한 행동을 시도할 수 있도록 돕는다. Colombo 등(2022)의 연구에서 우울증이 있는 참가자들이 4주간 VR 환경에서 자연 속 산책, 사회적 모임 참여, 취미 활동, 운동 등의 활동에 참여한 결과, 일상활동 수준 및 계획된 활동 참여시간이 전반적으로 증가하였고, 기분도 큰 폭으로 개선되었다.

(2) 안전한 연습 환경 제공

현실에서 회피하던 행동을 보다 안전하게 연습할 수 있는 환경을 제공한다. 예를 들어, 타인과의 긍정적인 상호작용이 어려운 사람이 가상 환경에서 다른 사람에게 공감을 표현하거나, 사회불안장애가 있는 내담자가 가상의 군중 속을 걸어 보는 실험을 할 수 있다. VR은 실패나 실수에 대한 두려움 없이 다양한 행동을 시도할 수 있는 안전한 환경을 제공하며, 반복적인 시도와 점진적인 노출을 통해 행동 변화에 대한 자신감을 높인다.

(3) 현실처럼 감각을 자극하여 감정 유도

VR은 시각뿐만 아니라 청각, 후각 자극 등을 통해 내담자의 감정 반응을 유도할 수 있는 환경을 제공한다. 예를 들어, VR 기반 명상이나 자연 속 산책 환경에 몰입함으로써 편안함이나 안도감을 경험할 수 있다(Riva et al., 2021). 특히 상호작용적 콘텐츠, 가상 아바타, 게임 요소 등을 활용한 VR은 내담자의 자기관련성(self-relevence)을 높이고, 환경과의 적극적인 상호작용을 통한 감정 유발 및 행동 변화가 더욱 강하게 나타날 수 있다. 예를 들어, 사회불안이 있는 내담자가 VR 속 가상 회의실에서 아바타들에게 발표 연습을 하거나, 사회적 기술이 부족한 내담자가 가상의 인물과 대화하면서 공감적 반응을 연습하면 치료 효과가 더욱 커질 수 있다. 이러한 상호작용은 단순히 화면을 보는 것보다 훨씬 높은 몰입과 감정적 참여를 유도하게 된다.

4. VR 기반 행동활성화 활용 시 유의 사항

VR 기술을 활용한 행동활성화 개입에서 긍정적 정서를 효과적으로 유도하기 위해서는 다음 다섯 가지 핵심 요소를 고려해야 한다 (Pavic et al., 2022).

(1) 높은 몰입도 유지

높은 몰입감은 사용자의 지속적인 참여를 유도하며, 중도 탈락률을 낮추는 데 중요한 역할을 한다. 이를 위해, HMD 사용, 신체 움직임 추적, 사실적인 그래픽, 실시간 피드백 등의 다양한 요소를 통합적으로 고려할 필요가 있다.

(2) 상호작용성 유지

VR 콘텐츠에 사용자의 자기관련성(self-relevance), 즉 직접적인 참여가 더 많을수록 감정 유도 효과가 더욱 증진된다. 예를 들어, 단순히 수동적으로 관찰하는 방식보다는 사용자가 적극적으로 과제를 수행하는 방식의 상호작용이 정서적 몰입을 더욱 촉진한다.

(3) VR 콘텐츠

사용자에게 적합한 VR 콘텐츠를 선택하는 것은 개입의 효과성과 만족도를 모두 높일 수 있다. 가령, 사용자의 문화적 배경, 선호도, 현재 정서 상태 등을 반영하여 VR 콘텐츠을 설계하면 그 효과가 극대화된다. 따라서 본격적인 개입에 앞서 내담자의 정서 상태, 선호 활동, 가치관 등을 탐색하여 적합한 콘텐츠를 선택할 필요가 있다.

(4) 감각 통합

시청각 자극이 가장 일반적으로 활용되며, 후각과 촉각은 효과가 제한적일 수 있다는 보고도 있다. 또한 과도한 감각 자극은 사이버 멀미나 피로감을 유발할 수 있으므로, 사용자의 반응을 지속적으로 모니터링하고 회기 시간을 적절하게 조절해야 한다.

(5) 다각적인 측정

행동활성화의 경과를 평가하기 위해 다양한 측정 도구들을 사용해야 한다. 예를 들어, 자기보고식 척도(예: 긍정 및 부정 정서 척도, 불안 지수)와 생리적 지표(예: HRV, 피부전도도)를 함께 사용할 수 있고, 웨어러블 센서와 VR 시스템을 연동하여 행동, 생리, 감정 반응을 동시에 기록하고 분석하면 개입 효과를 더욱 정교하게 평가할 수 있다.

이처럼 VR 기반 행동활성화 개입의 효과를 극대화하기 위해서는 기술적 요인과 사용자의 특성을 통합적으로 고려한 설계, 사전 평가, 개입 중 모니터링, 사후 평가가 중요하다.

5. VR 기반 행동활성화의 사례

우울증에 대한 VR 기반 행동활성화

Colombo 등(2022)은 심각한 정신질환이 없고 상담을 받고 있지 않으면서, 중증 이상 우울(PHQ-9 10점 이상)을 보이는 18세 이상 성인 7명을 대상으로 VR 기반 행동활성화 개입을 실시하여 우울 증상 완화 효과를 검토하였다. 개입 프로토콜은 2주 동안 주 2회씩 총 4회의 VR 기반 행동활성화 세션으로 구성되었으며, 각 회기는 약 30~40분 동안 진행되었다.

ㅁ 연구 진행 과정

연구 시작 전, 참가자들은 미리 정해진 목록에서 4개의 활동을 선택하였다. 이때 참가자들은 최근에는 하지 않지만 과거에 즐겼던 활동이나, 앞으로 더 자주 참여하고 싶은 활동을 선택하도록 요청받았다. 또한 행동활성화 가이드라인에 따라 연구자들은 참가자들이 자신의 개인적 목표와 가치를 되돌아볼 수 있도록 돕고, 이에 부합하는 활동을 선택하도록 유도하였다. 참가자들은 첫 번째 세션에서 행동활성화에 대한 간단한 이론 교육을 받은 후, 이후의 회기는 다음과 같은 프로토콜에 따라 진행되었다.

1. 참가자들은 VR 경험을 시작하기 위해 HMD를 착용하였다. 그리고 연구자들이 각색한 이야기를 통해 긍정적인 활동을 상상하였다.
2. 이야기는 다음과 같이 구성되었다[현존감(presence)을 높이기 위해 가상 환경에 주의를 집중하기 → 계획된 활동에 가상으로 참여하기 → 활동의 긍정적 결과에 집중하기].
3. 이후, 참가자들은 활동 계획의 중요성을 보다 분명히 인식하도록 자신의 생각과 감정을 말로 표현하는 과정을 거쳤다. 예를 들어, 과거 활동과 관련된 즐거운 기억을 떠올리거나, 해당 활동을 통해 얻을 수 있는 긍정적인 결과를 탐색하고, 활동을 방해할 수 있는 잠재적 장애물과 그에 대한 해결책을 찾는 시간을 가졌다.
4. 마지막으로, 참가자들에게 행동활성화 개입 원칙을 바탕으로 선택한 활동을 일정에 따라 계획하게 하였다. 참가자들에게 주간 플래너를 주고, 각 활동을 구성하는 데 필요한 단계, 시간, 장소를 작성하게 하였다.

□ 연구 결과

행동 결과 변인과 관련하여 대부분의 참가자들이 유의미한 변화를 보였으며, 정서적 변화 측면에서도 7명 중 6명의 일상적인 기분이 크게 개선된 것으로 나타났다. 또한 우울 증상 역시 유의미하게 감소하였다. 아울러, 행동을 수행하거나 계획하는 데 소요되는 시간도 개선된 것으로 확인되었다.

주요우울장애 치료에 대한 VR 기반 행동활성화 사례 연구

Paul 등(2020)은 주요우울장애 성인을 대상으로 VR 기반 행동활성화를 실시하였다. 참가자들은 4주 동안 매주 50분씩 진행되는 화상 상담에 참여하였고, VR 헤드셋을 사용하여 행동활성화 프로토콜에 따라 활동에 참여하였다.

□ 연구 진행 과정

Limbix에서 제공하는 VR 헤드셋을 사용하였으며, 몰입형 360도 비디오는 Youtube에서 접근 가능한 360도 비디오을 선택하여 사용하였다. 즐거운 활동을 바탕으로 총 37개의 비디오가 선정되었는데, 비디오 길이는 1분 2초에서 10분까지 다양하였다.

- 1회기:
  - 라포 형성
  - 참가자가 과거에 가치있게 여겼거나 성취감을 느끼거나, 즐거움을 느꼈던 활동 파악, 활동 기록 소개, 활동 목표 설정

– 심리교육: 인지삼제, 인지행동치료 개념, 즐거움 활동(쾌락 활동)과 성취 활동의 차이점 설명
– 참가자의 전날 활동을 시간대별로 기록하여 즐거운 활동이나 성취 활동에 얼마나 자주 참여했는지 파악함
– 기분활동기록: 참가자는 다음 주에 즐길 수 있는 최소 네 가지의 VR 활동을 계획하고 기록함
– 헤드셋 사용법 교육 및 짧은 VR 활동 실시를 통해 올바른 헤드셋 사용법 교육
– 매 VR 활동 후 VR 설문지 작성, 기분 평가, 예상되는 문제점 및 문제 해결 전략에 대해 논의함

• 2회기~4회기
: 숙제 검토, 기분과 활동의 연관성, 장애요인 해결 및 문제 해결, 새로운 활동 목표 계획

ㅁ 연구 결과

1회기에서의 PHQ-9 점수는 8점이었고, 이후 2회기 7점, 3회기 6점, 4회기 5점으로 지속적인 감소를 보였다. VR 기반 행동활성화 참여에 대해 참가자는 "VR을 통해 일반적으로 할 수 없는 새로운 경험을 할 수 있다."고 응답하였고, 주중에도 자발적으로 VR을 활용하는 모습을 보였다. 특히 2회기에서는 "VR을 사용한 후 다른 일을 하고 싶은 용기가 생겼다."고 응답하였다. 마지막 4회기에서는 VR 기반 행동활성화 참여가 새로운 활동에 참여하고 싶은 동기를 유발하였다고 보고하였다. 또한 연구 참가자들은 회기 내 과제 수행을 넘어, 요구된 횟수보다 더 자주 자발적으로 VR을 활용한 것으로 확인되었다.

노년층의 기분 상태 및 인지적 몰입 향상을 위한 자연 기반 가상현실 환경 연구

선행연구에 따르면, 자연 및 자연 관련 이미지에 노출될 때 노년층의 기분 상태가 개선되고 인지 기능 저하 예방에도 긍정적인 효과가 나타나는 것으로 보고되고 있다. 이에 Kalantari 등(2022)은 VR 360도 몰입형 영상과 '가상 정원'을 활용하여 노인들이 자연 경관을 경험하고 교감할 수 있도록 하였다. 연구진은 자연 지역과 식물원의 360도 영상을 바탕으로, 사용자가 환경의 다양한 요소와 상호작용할 수 있는 인터랙티브 디지털 기능을 결합한 새로운 VR 환경을 개발하였다. 이를 위해 60세 이상 노인 50명(인지 및 신체 능력 다양)을 모집하여 개발된 VR 환경(예: 360도 자연 영상, 인터랙티브 정원)을 체험하도록 하였으며, VR 체험 전후로 참가자들의 기분 상태와 VR에 대한 태도 변화를 측정하였다.

ㅁ 연구 진행 과정

• 가상 환경 디자인

연구진은 Autodesk 3ds Max에서 가상 정원을 설계하였다. 설계한 가상 환경에는 튜토리얼, 360도 자연 영상 세트, 인터랙티브 정원, 원예 게임이 포함되었다.

1. 튜토리얼 모듈

참가자가 VR 시스템의 탐색 및 상호작용 컨트롤에 익숙해지도록 돕는 학습 환경으로 설계되었다. 이 모듈에서는 참가자가 작은 공간에서 지침서를 읽고, VR 컨트롤을 배우고 연습할 수 있도록 구성되었다. 참가자는 특정 영역에서 다른 영역으로 이동하는 방법을 배우고, 지시에 따라 가상 개체와 상호작용하는 연습을 진행하였다. 이를 통해 가상 정원 탐색에 필요한 기본 기술(예: 이동하기, 텍스트와 상호작용하기, 개체 옮기기)을 습득하였다.

2. 자연 비디오 모듈

GoPro로 촬영된 뉴욕 지역의 자연 경관과 식물원 장면으로 구성된 9개의 짧은 비디오(각 30초~45초)를 제공하여, 수동적인 회복 경험을 제공하도록 구성되었다.

3. 대화형 가상정원 모듈

연구자들이 자연 경험을 반영하고 적극적인 참여를 촉진하기 위해 만든 인공 환경으로, 치료적 정원을 위한 기존의 증거 기반 디자인 가이드라인(Marcus & Sachs, 2013) 지침을 따랐다. 참가자들은 컨트롤러를 이용하여 동작을 시작하거나 멈추는 등 걷는 행동만으로도 가상 정원을 수동적으로 경험할 수 있었다. 또한 꽃을 만지는 것, 연못의 오리에 먹이를 주는 것, 돌을 던지는 것 등 정원의 다양한 요소와 상호작용할 수도 있게 구성되었다. 컨트롤러의 진동 기능과 자연스러운 소리는 상호작용에 대한 피드백으로 사용되었으며, 정원의 사실감을 개선하는 데 도움이 되었다.

4. 원예 게임 모듈

가장 높은 상호작용성을 지닌 모듈로, 참가자가 직접 정원의 레이아웃을 설계하고 다양한 꽃을 심고 물을 주며 원하는 방식으로 정원을 구성할 수 있도록 설계되었다. 전체 대화형 정원에는 8개의 경작 구역이 마련되어 있고, 각 구역에는 여러 개의 심기 장소가 배치되어 있다. 참가자는 원하는 꽃 종류를 선택한 후, 보관 장소에서 심기 장소로 꽃을 옮기고 심는 과정을 수행할 수 있다. 꽃을 심을 때마다 보상음이 울리도록 설계되어 있어 상호작용의 재미를 높인다. 또한 물뿌리개를 사용해 꽃에 물을 주고, 시간이 지남에 따라 식물이 자라나는 과정을 관찰할 수 있도록 구성되어 있다.

• 연구 절차

헤드셋 착용 후 튜토리얼 모듈 완료(5분) → 2분 휴식 → 자연 영상 요소 시청(5분) → 2분 휴식 → 정원과의 상호작용(10분) → 2분 휴식 → 정원 가꾸기(8분)

ㅁ 연구 결과

기분 개선 측면에서 '차분함(calm)' 점수와 '좋은 기분(good)' 점수가 각각 3.34점, 1.68점 향상되었다. 참가자들은 VR 경험의 긍정적 요소로 시스템이 직관적이고 배우기 쉬웠으며, 환경이 편안하고 쾌적했다고 평가하였다. 또한 식물, 동물과의 친밀감 및 상호작용이 가능했던 점을 몰입감을 높이는 요인으로 언급하였다. 비록 가상 환경이었지만, 많은 참가자들이 즐거움과 몰입감을 경험했다고 보고하였다. 예를 들어, 일부 참가자들은 "가상세계에서 꽃을 따는 것처럼 스스로 선택할 수 있어서 좋았다." "마치 내가 새끼 오리가 된 것처럼 꽃과 동물이 가까이 있는 느낌이 좋았다."라고 표현하였다. 전체 참가자의 약 3/4은 다시 체험해 보고 싶다고 응답했으며, 다른 사람에게도 추천할 의향이 있다고 답변하였다.

하지만 부정적인 반응도 일부 보고되었다. 가장 많이 언급된 불만은 VR 세션이 예상보다 너무 빨리 종료된다는 점이었다. 시각적 측면에서는 일부 참가자들이 "정말 높은 곳에 있는 것 같은 느낌"이나 "떨어질까 봐 움직이기 무서웠다."와 같은 불안감을 표현하기도 했다. 또한 자연 영상 이후 등장한 대화형 디지털 구성요소가 다소 만화적이거나 인위적으로 느껴져 몰입을 방해했다고 보고되었다. 몰입을 방해한 구체적인 요인으로는 현실 세계를 물리적으로 상기시키는 요소들(예: 헤드셋 연결선이 몸에 닿거나 VR 공간 가장자리에 도달해 자세를 조정해야 하는 상황), 해상도 문제, 안경 착용자들의 착용 불편감, 손에 쥔 컨트롤러 사용의 번거로움, 경도인지장애가 있는 경우 조작의 어려움 등이 지적되었다.

VR 시스템 평가 결과, 시스템 사용성(System Usability)은 100점 만점에 평균 72.06점으로 '사용 가능한 수준'으로 평가되었다. 공간적 몰입감(spatial presence) 측정에서는 자기 위치 인지(self-location) 34.52점, 행동 가능성(possible actions) 30.52점으로 나타났다. 부작용 측면에서 시뮬레이터 멀미(simulator sickness) 점수는 10점 만점에 2.70점으로 매우 낮아, 부작용은 심하지 않은 것으로 확인되었다.

제5장

가상현실 상담: 노출 치료

이 장에서는 VR을 활용한 노출 치료(Virtual Reality Exposure Therapy: VRET)의 개념과 실제 적용 방법을 다룬다. 노출 치료는 특정 자극에 대한 불안 반응을 완화하기 위해 내담자가 두려움을 유발하는 상황에 점진적으로 노출되도록 돕는 인지행동치료(CBT)의 핵심 기법 중 하나이다. 이 장에서는 이러한 노출 치료의 이론적 배경과 주요 작용 원리를 정리하고, 이를 가상현실 환경에서 어떻게 구현할 수 있는지 살펴본다. 특히 고소공포증, 비행공포증, 사회불안장애 등 다양한 불안 관련 문제에서 VR 기술이 보다 몰입적이고 안전한 노출 경험을 제공하는 방식을 설명한다. 또한 VRET 설계에 필요한 핵심 요소들에 대한 소개와 함께 VR 기반 노출 치료를 적용할 때 고려해야 할 실무적 및 윤리적 유의 사항을 함께 논의한다.

1. 노출 치료란 무엇인가

노출 치료(Exposure Therapy)는 행동주의 심리학의 핵심 원리 중 하나인 고전적 조건형성(classical conditioning)과 조작적 조건형성(operant conditioning)에 근거한 치료 기법이다. 노출 치료의 목적은 특정 자극에 대해 학습된 공포 반응을 소거(extinction)하거나, 새로운 학습을 통해 그 반응을 재구성하는 데 있다(Craske et al., 2014; Wolpe, 1958). 노출 치료의 치료적 작동 원리를 이해하기 위해서는, 공포 반응의 형성과 유지 과정을 설명하는 고전적 조건형성과 조작적 조건형성에 대해 살펴볼 필요가 있다.

먼저, 고전적 조건형성 이론에 따르면, 공포는 본래 중립적이었던 자극이 위협 자극과 반복적으로 결합됨으로써 형성된다(Pavlov, 1927). 예를 들어, 과거에 개에게 물린 경험이 있는 사람이 단지 개라는 자극만으로도 불안을 느끼는 경우, 원래 중립 자극이었던 '개'는 조건 자극으로 기능하게 되며, '물린 사건'은 무조건 자극, '불안 반응'은 조건 반응이 된다. 노출 치료는 이러한 조건 반응을 소거시키기 위해 조건 자극에 반복적이면서고 점진적으로 노출시킴으로써 새로운 인지적 · 정서적 학습을 유도한다(Foa & Kozak, 1986). 이에 반해, 조작적 조건형성 이론에서는 회피 행동이 불안이나 공포의 일시적인 감소를 통해 부적 강화되어 지속된다고 설명한다(Mowrer, 1960; Skinner, 1953). 즉, 두려운 자극을 회피했을 때 느껴지는 안도감이 회피 행동을 더욱 강화시키고, 이로 인해 불안 문제가 장기화되고 만성화된다는 것이다. 노출 치료는 내담자가 이러한 회피를 중단하고 두려운 자극에 직면하도록 유도함으로써, 공포 자극이 실제로 위협적이지 않다는 점을 체험적으로 인식하게 하며, 자기 통제감과 자기 효능감을 높이도록 돕는다(Bandura, 1977; Rachman, 1980).

노출 기법은 다음과 같이 체계적 둔감화와 홍수법으로 구분된다.

(1) 체계적 둔감화

- 체계적 둔감화(Systematic Desensitization)는 Wolpe(1958)가 개발한 기법으로 상호 억제(counterconditioning) 이론에 기반하여 불안 자극에 대한 조건 반응을 이완 반응(relaxation response)으로 대체하는 것을 목표로 한다.
- 불안을 유발하는 자극들을 난이도 순으로 배열한 불안 위계 목록으로 작성하고, 가장 낮은 자극부터 점진적으로 상상하거나 실제로 접촉하며 이완 훈련을 병행하게 된다. 이 과정의 반복을 통해 조건 반응을 약화시킨다.

(2) 홍수법

- 홍수법(Flooding)은 내담자를 공포 자극에 즉각적이고 강도 높게 노출시키고, 그 상태를 장시간 유지하게 함으로써 불안 반응이 자연스럽게 사라지는 것을 경험하도록 하는 기법이다. 초기에는 불안 반응이 극심할 수 있으나, 자극에 반복 노출되면서 '실제로는 위협이 발생하지 않는다'는 인지를 형성하게 된다(Rachman, 1980).
- 이 방법은 단기간에 빠른 효과를 기대할 수 있지만, 내담자에게 심리적 부담이 큰 만큼 충분한 준비, 심리적 안정성 확보, 그리고 상담자의 역량이 필수적이다.

체계적 둔감화와 홍수법은 실제 노출과 상상 노출로 진행될 수 있다.

(3) 실제 노출

실제 노출(In Vivo Exposure)은 내담자가 현실에서 공포 자극에 직접 접근하도록 유도하는 방식이다. 예를 들어, 사회불안이 있는 내담자가 점차 사람 많은 장소에 머무는 시간을 늘리거나 대화 연습을 시도하는 방식이 이에 해당된다(Foa et al., 2007). 이 기법은 실질적인 대처 능력 습득을 돕고, 현실 기반의 노출 경험을 통해 자기 효능감을 강화하는 데 효과적이다.

(4) 상상 노출

상상 노출(Imaginal Exposure)은 실제 상황에 직접 노출되기 어렵거나 적절하지 않은 경우, 내담자가 불안을 유발하는 장면이나 기억을 생생히 떠올리도록 하여, 그에 대한 정서적 반응을 점차 감소시키는 기법이다. 이 방법은 PTSD나 사고 경험 등 현실에서 재현이 불가능하거나 위험한 자극에 노출해야 할 때 유용하다(Foa & Rothbaum, 1998).

2. VR을 활용한 노출 치료

전통적인 노출 치료 기법인 상상 노출은 내담자의 몰입도가 낮아 치료 효과가 제한될 수 있다. 또한 실제 노출은 내담자에게 과도한

스트레스를 유발하거나 물리적 · 윤리적으로 현실에서 구현하기 어려운 경우가 많다. 이러한 한계점을 보완하고자 개발된 방법이 바로 VR 기반 노출 치료(Virtual Reality Exposure Therapy: VRET)이다. VRET는 VR 기술을 활용하여 실제와 유사한 자극 환경을 가상 환경에 정교하게 구현함으로써, 내담자가 높은 몰입감 속에서 점진적이고 반복적인 노출을 경험할 수 있도록 돕는 행동치료 기법이다. 상담자는 노출 자극의 강도, 빈도, 노출 시간을 조정할 수 있으며, 이러한 조절은 전통적인 노출 치료에서는 구현하기 어려운 VRET의 장점 중 하나이다. 초기 단계의 VRET는 고소공포증, 비행공포증, 거미공포증 등 특정공포증 치료에 주로 활용되었으나, 점차 PTSD, 강박장애, 중독장애, 섭식장애 등으로 그 적용 영역이 확대되고 있다(Rizzo et al., 2019; Wiederhold & Wiederhold, 2005). 일반적으로 VRET는 ① 사전 심리교육, ② 노출 시나리오 설계, ③ 실제 노출의 세 단계로 진행된다. 공포증 치료를 예로 각 단계를 설명하면 다음과 같다.

첫째, 사전 심리교육 단계에서는 공포 반응의 생리적 기전, 회피 행동이 강화되는 과정, 그리고 공포를 줄이기 위한 행동이 공포를 지속시키는 데 미치는 영향을 설명한다. 아울러 복식 호흡, 점진적 근육 이완, 마음챙김 등 정서 조절 기법을 훈련하여, 내담자가 노출 상황에서 느끼는 압박감을 감당할 수 있는 심리적 기반을 형성하도록 돕는다(Rizzo et al., 2019).

둘째, 노출 시나리오 설계 단계에서는 공포 위계 목록에 기반한 VR 시나리오를 구성한다. 이 과정에서는 내담자가 느끼는 공포 수준을 기준으로 공포 자극을 난이도별로 배열하고, 점진적으로 강도가 높아지도록 설계하여 노출한다. 예를 들어, 고소공포증의 경우 '가상 발코니 → 유리 엘리베이터 → 스카이워크 → 열기구 탑승'과 같은 순서로 노출 장면을 구성할 수 있다(Morina et al., 2015; Parsons & Rizzo, 2008).

마지막으로, 실제 노출 단계에서는 내담자가 HMD를 착용한 상태에서 설계된 가상 자극에 직접 노출된다. 상담자는 내담자가 안전행동(예: 눈 감기, 손잡이 꽉 쥐기, 기도하기)을 사용하지 않도록 주의 깊게 관찰하고, 공포 수준이 일정 기준 이하로 감소할 때까지 해당 자극에 충분히 머무르도록 유도한다(Foa et al., 2007; Rothbaum et al., 2001). 이러한 방식은 공포의 자발적 소거를 통한 장기적인 공포 완화를 목표로 한다.

VR 기반 노출 치료를 효과적으로 실시하기 위해서는, 몰입감 있는 자극 환경과 불안 위계에 따른 단계적 노출이 가능하도록 설계된 프로그램 및 플랫폼을 선택하는 것이 중요하다. 이러한 관점에서, 이 절에서는 현재 임상 현장에서 활용 가능한 대표적인 VRET 플랫폼 세 가지를 소개하고, 각 플랫폼의 특성과 상담에서의 적용 가능성을 구체적으로 살펴본다.

[그림 5-1] **VR 투명 엘리베이터**

출처: XRHealth Inc (n.d.).

(1) XRHealth[1)]

- 용도: 다양한 상황(약 60여 개의 상황)에서의 가상 노출 경험을 제공한다.
- 특징: 미국 FDA 승인을 받은 디지털 치료(VR Therapy) 플랫폼으로 안정성이 검증되었다. 다만, 일부 프로그램은 의료기관 연계를 전제로 하므로 개인 상담실에서 단독으로 활용하기 위해서는 별도의 설정이 필요할 수 있다.

사용 예시

- 거미/바퀴벌레 노출: 거미 혹은 바퀴벌레가 기어 다니다가 내 손등 위로 올라오는 장면에 노출
- 개 공포: 광장에서 사냥개가 내 앞으로 달려와 짖는 장면에 노출
- 비행기공포: 기내 좌석에 앉아 이착륙 및 기체 흔들림 상황에 노출
- 공중 화장실(오염에 대한 강박): 지저분한 공중 화장실에 들어가는 상황에 노출
- 고소공포: 탑승한 투명 엘리베이터가 점점 더 높이 올라가는 상황에 노출
- 밀폐된 공간: 많은 사람들이 있는 비좁은 엘리베이터 상황에 노출

- 장비: Meta Quest, Vive Focus Plus, Pico 등 다양한 HMD 장비와 호환

1) XRHealth Inc. (n.d.). XRHealth. https://www.xr.health/us/products/platform/library/

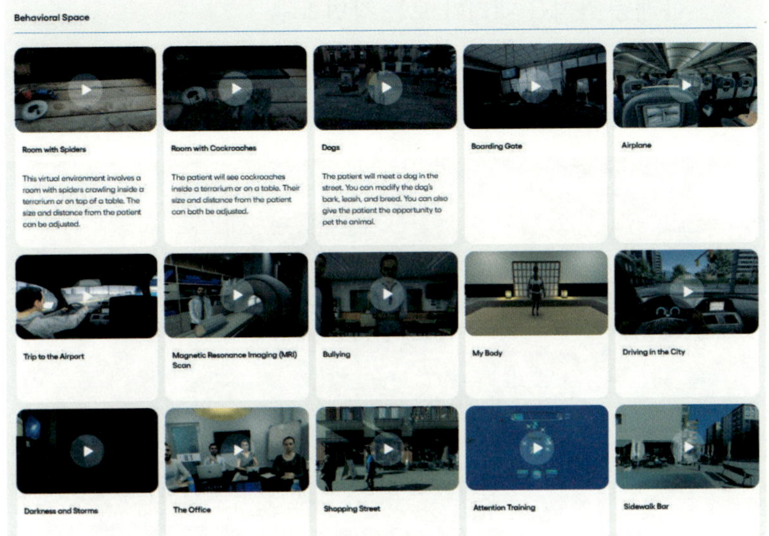

[그림 5-2] XRHealth에서 제공하는 VR 노출 상황 리스트

(2) ZeroPhobia[2)]

- 용도: 고소공포증, 거미공포증, 비행공포증 등을 자가 치료할 수 있도록 설계된 모바일 VR 프로그램이다.
- 특징: CBT 원리에 기반한 6단계 노출 모듈을 제공하며, 간편하게 가정에서도 사용할 수 있다. 초기 비용이 낮고 접근성이 높은 장점이 있으나, 모바일 VR 특성상 몰입감은 HMD 성능에 따라 다소 제한적일 수 있다.

사용 예시

- 비행공포: 비행기 탑승구로 걸어 들어가는 것부터 기내 좌석에 앉아 비행하는 장면까지 단계적으로 노출
- 고소공포: 큰 극장 안으로 들어가 가장 높은 좌석에서 무대와

2) VRIJE UNIVERSITEIT AMSTERDAM. (n.d.). ZeroPhobia. https://www.zerophobia.app

아래층 좌석을 내려다 보는 장면 노출

- 장비: 카드보드용 VR 기기[3)]

[그림 5-3] ZeroPhobia 고소공포 노출 장면

(3) Bravemind[4)]

- 용도: PTSD 치료를 목적으로 개발된 VR 기반 노출 치료 프로그램이다.
- 특징: 군 복무 중 트라우마를 경험한 대상자에게 특화된 노출 환경을 제공한다. 상담자는 노출 자극의 세부 요소(예: 날씨, 시간대, 주변 소음)를 조정할 수 있으며, 심리적 탈감각(desensitization)을 유도한다. 다만, 전투 관련 PTSD 치료에 특화되어 있어 특정공포증이나 일반 불안장애 치료에는 적합하지 않을 수 있다.

---

3) 카드보드형 VR 기기: 스마트폰을 삽입하여 간단한 VR 체험을 가능하게 해 주는 저비용의 종이 또는 플라스틱 재질의 VR 뷰어로 스마트폰에 VR 콘텐츠(예: 360도 영상 또는 앱)를 실행한 후, 기기에 삽입하여 HMD처럼 사용

4) USC Institute of Creative Technologies. (n.d.). Bravemind. https://ict.usc.edu/prototypes/bravemind

사용 예시

– 전장, 검문소, 차량 폭발 등의 전투 관련 장면을 사실적으로 재현

[그림 5-4] Bravemind에서 제공하는 노출 장면 1

[그림 5-5] Bravemind에서 제공하는 노출 장면 2

3. VR 기반 노출 치료의 장점

VRET의 가장 큰 장점 중 하나는 현실 자극을 정교하게 가상 공간에 재현함으로써, 내담자에게 높은 몰입감을 제공할 수 있다는 점이다. 이를 위해 HMD, 입체 음향 장치, 햅틱 디바이스 등 다양한 감각 구현 기술이 사용되며, 이러한 기술들은 내담자가 실제 자극에 직면한 듯한 심리적 반응을 유도하는 데 핵심적인 역할을 한다. 예를 들어, HMD 장치는 사용자의 머리 움직임을 실시간으로 추적하여 시각적 장면이 자연스럽게 변화하도록 하여 공간지각과 몰입을 극대화한다. 입체 음향 기술은 사용자의 위치에 따라 음원의 방향, 거리, 잔향 등을 조절하여, 발표장, 지하철역, 비행기 내부 등 실제 환경과 유사한 청각 자극을 제공한다. 더불어, 후각 디퓨저 및 햅틱 진동 장

치 등을 연동함으로써, 알코올 냄새, 진동 자극 등 후각과 촉각 자극을 동시에 제공할 수 있어 다감각적(multisensory) 자극 환경의 구현이 가능해진다.

최근에는 생리적 반응을 실시간으로 측정하는 바이오피드백 센서가 VRET 시스템과 통합되어, 심박수, 피부전도도(Galvanic Skin Response: GSR), 호흡 등의 지표를 바탕으로 자극의 강도나 노출 시간을 자동으로 조정하는 기술도 도입되고 있다. 이러한 적응적 피드백 메커니즘은 내담자의 스트레스 반응에 따라 보다 유연하고 안전한 노출 치료를 가능케 한다. 또한 시선 추적 시스템(eye-tracking system)은 내담자가 공포 자극을 회피하고 있는지를 정밀하게 모니터링하여, 불필요한 안전행동이나 주의 회피를 탐지하고 상담자가 즉각적으로 개입할 수 있도록 돕는다.

VRET의 또 다른 장점은 노출 자극의 조절 가능성과 그로 인한 정밀한 맞춤화에 있다. 전통적인 실제 노출의 경우 자극을 환경적으로 통제하기 어렵고, 동일한 상황을 반복적으로 재현하는 데에 한계가 있다. 그러나 VR에서는 상담자가 자극의 종류, 강도, 지속 시간, 노출 빈도 등을 매우 정교하게 조정할 수 있다. 이러한 유연성은 내담자의 불안 위계에 맞춘 점진적 노출 설계를 가능하게 하며, 치료 효과를 높이는 동시에 내담자의 탈락률을 낮추는 데에도 기여한다.

무엇보다 VRET는 윤리적 제약이 적은 치료 방법으로 주목받는다. 실제 상황에서 구현하기 어려운 자극(예: 비행기 이륙 장면, 음주 권유 상황, 외상적 사고 장면)은 현실에서 재연하는 것이 불가능하거나 비윤리적일 수 있다. 하지만 VRET에서는 내담자가 안전한 환경에서 이러한 자극에 반복적으로 노출될 수 있어, 치료적 경험의 강도는 유지하면서도 위험 부담과 윤리적 한계는 최소화할 수 있다.

예를 들어, 알코올 사용 장애의 경우 가상 술집 장면에 음주를 권유하는 대사와 함께 실제 술 냄새를 제공함으로써, 음주 유혹 상황에서의 내담자 반응을 보다 현실적으로 유도하고 대처 전략을 훈련시킬 수 있다. 또한 섭식장애나 신체 이미지 왜곡을 경험하는 내담자에게는 자신의 실제 체형과 유사한 디지털 아바타가 가상 거울에 반영되는 장면을 통해 부정적인 신체 이미지를 수정하고 감정적 반응을 탐색하도록 도울 수 있다.

4. VR 기반 노출 치료 시 유의 사항

문헌 고찰 연구인 Tips for Effective Implementation of Virtual Reality Exposure Therapy(Krzystanek, 2021)는 2015년부터 2021년 2월까지 발표된 총 49편의 논문을 분석한 결과, VRET의 실제 임상 적용 시 고려해야 할 핵심 요소들을 다음과 같이 제안하였다.

(1) 치료 회기 수 및 치료 기간

- 광장공포증은 평균 8~12회기, 주 1회 빈도, 각 회기 15분 이상이 효과적임
- 사회불안장애는 회기 수가 다양함(예: 단일 회기 치료 또는 평균 8~16회기) – 단일 회기의 경우 최소 60분 이상의 노출, 여러 회기로 구성된 치료의 경우 한 회기당 15~20분 이상 노출이 효과적임
- 특정공포증은 장시간의 단일 회기(보통 45~180분)도 효과적임

(2) 기술 장비

- HMD 사용이 가장 일반적임(전체 연구의 71.4%에서 사용)
- 2D 이미지 기반보다 HMD 사용 시 더 높은 효과가 나타남
- 모바일 기반 VRET도 효과적이며 향후 가정용 치료로 확대될 가능성이 높음

(3) 치료 병행 효과

- VRET 단독 치료도 효과적이나, 약물치료 병행 시 회기 수 감소 효과(단, 약물 병행에 대한 연구는 부족한 실정임)
- VRET 단독 치료보다 인지행동치료 병행 시 치료 효과 증가
- 현실 노출 치료와 병행 사용 또는 순차적 적용도 고려됨

(4) 내담자 특성의 중요성

- 정신과적 공존 질환이 없을수록 VRET 치료 효과가 큼
- 치료 대상 선정 시 엄격한 진단 기준과 공존 질환 여부 평가 필요

(5) 몰입감의 중요성

- VR 몰입감 형성 여부가 치료 효과를 결정하는 핵심 요인임
- 몰입감 형성 실패 시 치료 효과가 떨어질 수 있음
- 몰입감은 2분 이내에도 빠르게 형성될 수 있음(대부분의 연구에서 VR 환경에 들어간 지 2분 이내에 해당 공간을 현실처럼 인식하고 심리적 반응을 보이기 시작한다는 결과가 보고됨)
- 다양한 시나리오 제공이 필요함(같은 자극이 반복되어 제시되면 내담자가 그 자극에 익숙해져 불안을 느끼지 않게 되거나 몰입도가 떨어질 수 있음)

기존 연구에서 드러난 내용 외에도, VRET를 시행할 경우 상담자는 다음의 사항들을 사전에 고려할 필요가 있다.

(6) 몰입감(immersion) 유지를 위한 환경 설정

- 외부 소음을 차단할 수 있는 조용한 상담실 사용
- 내담자가 VR 공간에 몰입할 수 있도록 HMD 사용 방법을 미리 숙지하거나 경험하게 하여 적응 시간을 제공

(7) 자극 강도 조절의 세밀한 계획

- 노출 시나리오는 반드시 사전에 불안 위계를 바탕으로 계획
- 노출 자극의 강도(자극의 난이도), 빈도(노출 횟수), 노출 시간을 점진적으로 조절
- 내담자의 생리적 반응(예: 심박수, GSR)과 자기보고를 함께 모니터링

(8) 안전 행동(safety behaviors) 사전 점검 및 차단

- 내담자가 무의식적으로 사용하는 안전 행동(예: 눈 감기, 귀 막기, 손잡이 꽉 쥐기)을 사전에 파악하고, 노출 장면 중 이러한 행동이 발생하는지 관찰
- 필요시 시선 추적 시스템을 활용해 회피 시선을 탐지할 수 있음

(9) 부작용 예방 및 사후 정서 안정

- 노출 중 멀미, 어지러움, 정서적 압도감이 발생할 수 있으므로 중단 기준을 사전에 설정
- 치료 종료 후에는 이완 기법(예: 복식 호흡, 마음챙김)을 통해 긴

장을 완화하고, 내담자의 반응을 점검하며 성찰 기회를 제공

5. VR 기반 노출 치료의 사례

고소공포증

□ 연구 진행 과정

Emmelkamp 등(2001)은 고소공포증을 호소하는 성인을 대상으로, 저비용 VR 시스템을 활용한 VRET와 실제 노출 치료의 효과를 비교하였다. 연구는 동일 집단 내 설계로 진행되었으며, 참가자들은 VR 노출 2회와 실제 노출 2회를 순차적으로 경험하였다. VR 환경은 다이빙 타워와 유리 엘리베이터 장면으로 구성되었으며, 참가자는 HMD를 착용한 채 점진적 노출을 경험하였다.

□ 연구 결과

VR 노출은 불안과 회피 감소 측면에서 실제 노출과 동등한 수준의 효과를 보였으며, 높이에 대한 인지도 개선에서는 오히려 더 우수한 결과를 나타냈다. 특히 VR 노출 2회기만으로도 증상이 현저히 개선되는 천장 효과(ceiling effect)가 일부 사례에서 관찰되었는데, 이는 단회기만으로 높은 효과를 기대할 수 있음을 시사한다.

□ 연구 진행 과정

Donker 등(2019)은 스마트폰과 카드보드형 VR 기기를 이용한 모바일 애플리케이션(이하 앱) 기반 자기주도형 VRET(ZeroPhobia 앱)의 효과를 검증하였다. 실험군(96명)은 3주간 총 6개의 CBT 기반 모듈을 앱을 통해 자택에서 자가 치료하였으며, VR 콘텐츠에는 고층 건물, 난간, 유리 엘리베이터 등 고소공포를 유발할 수 있는 장면들이 포함되었다.

□ 연구 결과

실험군의 고소공포증 증상 점수는 아무런 처치를 받지 않은 대조군(97명)에 비해 유의미하게 감소하였다.

이후, Donker 등(2020)의 후속 연구에서는 해당 앱의 실제 사용 데이터를 분석하여, 어떤 요인들이 치료 효과와 관련되는지를 탐색하였다. 사용자(56명)의 평균 앱

사용 시간은 약 97분이었으며, 몰입감과 존재감 점수가 높을수록 고소공포증 증상 개선 폭이 더 큰 것으로 나타났다. 즉, 증상 개선 정도는 단순한 노출 회기 수보다는 사용자가 주관적으로 경험한 몰입감과 존재감 수준과 더 밀접하게 관련되어 있다는 것이다. 흥미롭게도 사이버 멀미를 경험한 일부 사용자들은 오히려 더 개선 효과를 보였는데, 이는 VR 자극이 실제 불안을 유발하고 노출 효과를 활성화했을 가능성을 보여 준다.

거미공포증

ㅁ 연구 진행 과정

특정공포증 치료를 위해 개발된 VRET는 초기 연구들에서도 전통적 노출 치료와 유사한 수준의 효과를 보여 주었고, 치료 후 악화율(deterioration rate) 역시 낮은 것으로 보고되었다(Parsons & Rizzo, 2008; Carl et al., 2019). 그러나 이러한 초기 연구들은 고가의 하드웨어, 복잡한 시스템 운영, 그리고 무엇보다 치료자의 필수적인 개입을 요구하는 구조적 한계로 인해, 실제 임상 현장에서는 널리 적용되기 어려웠다(Meyerbröker & Emmelkamp, 2010). 이러한 한계를 극복하기 위해 Miloff 등(2019)은 자동화된 VRET와 실제 노출 치료의 효과성을 비교하였다. 이를 위해 거미공포증(Fear of Spiders Questionaire: FSQ)을 진단받은 성인 100명을 VRET 그룹과 실제 노출 그룹에 무작위로 배정하였다. VRET 그룹은 Samsung Gear VR과 스마트폰을 활용하여 'VIMSE'라는 모바일 앱 기반 자동화 프로그램을 사용하였고, 실제 노출 그룹은 3시간 분량의 실제 거미 노출 회기에 참여하였다.

ㅁ 연구 결과

치료 직후에는 실제 노출 그룹이 실물 거미에 대한 행동접근검사(Behavioral Approach Test: BAT)에서 더 높은 점수를 받은 것으로 나타났다. 하지만 3개월 및 12개월 추적 조사 결과에서는 두 그룹 간의 차이가 사라져, 자동화된 VRET가 장기적으로 실제 노출에 비해 그 효과가 떨어지지 않음이 입증되었다. 또한 거미공포에 대한 자기보고식 척도에서도 두 그룹 모두 유의한 증상 감소를 보였으며, 우울, 불안, 삶의 질 측면에서도 긍정적인 변화가 관찰되었다.

ㅁ 연구 진행 과정

Lindner 등(2020)의 연구에서는, 소비자용 모바일 VR 기기와 'Itsy' 앱을 이용하여, 자동화되고 게임화된 VRET 프로그램이 실제 임상 조건과 유사한 환경에서 어떠한 효과를 보이는지 검증하였다. 거미공포를 호소하는 성인 25명을 대상으로 하였는데,

이들은 별도의 치료자 개입 없이, 표준화된 안내문만 제공받은 후 스스로 VR 노출 세션을 수행하였다. Itsy 프로그램은 심리교육, 가상 치료사의 음성 안내, 점진적 노출 과제(8단계)와 간단한 게임적 요소로 구성되어 있으며, 각 단계에서 불안 수준을 기록하게 하였다.

□ 연구 결과

FSQ 점수는 치료 직후 유의미하게 감소하였으며, 삶의 질 척도에서도 소폭 개선이 관찰되었다. 6개월 후 추적조사에서도 FSQ 점수의 추가 감소가 나타났으나 통계적으로는 유의미하지 않았다. 참가자들은 전체적으로 프로그램에 성실하게 참여하였고, 심각한 사이버 멀미나 기술적 문제 없이 치료를 완료하였다. 이러한 결과는, 치료자의 개입 없이도 소비자용 VR 기기와 앱 기반 VRET가 특정공포증 치료에 효과적으로 적용될 수 있음을 보여 주며, 향후 일반 대중을 대상으로 한 자가치료 형태의 가능성을 시사한다.

사회불안장애와 발표 불안

□ 연구 진행 과정

Kampmann 등(2016)은 사회불안장애 진단을 받은 성인 60명을 대상으로, VRET와 실제 노출 치료를 비교하는 연구를 실시하였다. 이 연구는 인지적 개입 없이 순수한 노출 기법만을 적용하였기에, 인지 치료가 병행된 기존 연구들과 달리 노출 치료 자체의 순수한 효과를 명확하게 검증할 수 있다는 점에서 의미가 있다. 참가자들은 무작위로 VRET, iVET(실제 노출), 통제집단에 배정되었으며, VRET 그룹은 가상 면접, 소개팅, 쇼핑, 기자 인터뷰 등 다양한 사회적 상호작용 상황을 시뮬레이션한 환경에서 노출 치료를 받았다.

□ 연구 결과

치료 직후 평가에서는 VRET와 iVET 모두 통제집단에 비해 사회불안 증상이 유의미하게 감소하였으나, iVET가 VRET보다 더 큰 효과를 보였다. 특히 부정적 평가에 대한 두려움 감소와 삶의 질 향상 측면에서는 iVET가 VRET보다 유의미하게 우수한 결과를 보였으며, 이러한 경향은 3개월 추적조사에서도 유지되었다. 연구자들은 이러한 차이를, VR 환경에서 제공된 사회적 상호작용이 현실에 비해 제한적이고, 가상 아바타들이 자연스러운 비언어적 반응(예: 표정 변화, 즉각적 피드백)을 충분히 구현하지 못했기 때문이라고 해석하였다. 또한 참가자들이 가상 상황을 '현실이 아니다.'라고 인식하며 인지적으로 거리를 둘 수 있었던 점 역시, 노출의 정서적 몰입과 불안 반응을 약화시켜 치료 효과를 상대적으로 감소시킨 것으로 보인다. 이 연구는 VRET가 사회불안장애 증상 완화에 일정 수준의 임상적 효과를 기대할 수 있음을 보여 주는 한편, 향후 VR 환경의 현실감과 상호작용성을 더욱 강화할 필요성을 시사한다.

□ 연구 진행 과정

Reeves 등(2021)은 발표불안 완화를 목표로, 360도 비디오 기반 사회불안장애의 효과를 검증하는 연구를 실시하였다. 총 51명의 참가자가 360도 청중 영상 노출(360° Audience – 청중이 등장하는 360도 영상), 360도 빈 방 영상 노출(360°Empty – 청중 없이 빈 방만 촬영된 영상), 통제 집단으로 무작위 배정되었으며, 4회기에 걸쳐 VR 기반 연설 과제를 수행하였다.

□ 연구 결과

360°Audience 그룹은 발표불안, 사회불안, 부정적 평가 두려움 모두에서 가장 큰 감소를 보였으며, 10주 추적조사에서도 효과가 유지되었다. 특히 현존감과 발화 시간이 발표불안 감소를 유의미하게 예측하는 요인으로 나타나, 보다 몰입적이고 현실감 높은 가상 자극이 치료 효과를 증진시키는 데 중요한 역할을 한다는 점이 확인되었다. 이 연구는 비교적 저비용의 360도 비디오 기술을 활용하여 별도의 인지 개입 없이도 발표불안을 실질적으로 완화할 수 있음을 보였다는 점에서 그 의의가 있다.

신경성 식욕부진

□ 연구 진행 과정

Porras-Garcia 등(2020)은 DSM-5 기준에 따라 진단된 신경성 식욕부진증 환자 1명을 대상으로, VR 기반 전신 노출(body exposure) 기법을 적용하여 사례 연구를 진행하였다. 참가자는 자신의 실제 BMI를 기반으로 제작된 3D 아바타를 활용하여, 가상 환경에서 본인의 신체를 거울을 통해 반복적으로 관찰하였다. 특히 이 연구에서는 총 6회기 동안 노출 강도를 점진적으로 높이는 방식을 적용하였다. 구체적으로, 1회기에서 참가자는 자신의 BMI를 기반으로 제작된 아바타를 VR 속 거울 앞에 서서 약 5~10분 동안 관찰하였다. 2회기부터 6회기까지는 매 회기마다 아바타의 BMI를 점진적으로 5%씩 증가시켰다. 체형 변화는 자연스럽게 전신에 분포하도록 조정되었으며, 단순히 복부나 허벅지 등 특정 부위만 과장되지는 않았다. 참가자는 가상 거울 앞에서 전신, 측면, 후면 등을 10~15분간 자유롭게 살펴보았다.

ㅁ 연구 결과

체중 증가에 대한 두려움, 신체 불만족, 섭식장애 증상이 모두 유의미하게 감소하였으며, 이러한 효과는 5개월 추적조사에서도 유지되었다. 각 회기 동안 참가자의 주관적 불안 수준도 점진적으로 감소하여, 반복 노출을 통한 정서적 습관화(habituation)가 성공적으로 이루어졌음이 확인되었다. 연구자들은 이러한 결과를 통해, VR 기반 전신 노출이 신체 이미지 왜곡을 효과적으로 수정할 수 있는 가능성이 있음을 주장하였다. 다만, 단일 사례 연구라는 한계가 있으므로, 효과성과 안정성을 추가 검증할 필요가 있겠다.

제6장

가상현실 상담: 게슈탈트 치료

이 장에서는 게슈탈트 치료의 핵심 개념과 기법들이 VR 환경에서 어떻게 적용될 수 있는지를 살펴본다. 게슈탈트 치료는 '지금-여기(here-and-now)'의 경험에 주목하며, 감정의 자각과 통합을 통해 내담자가 보다 온전한 자기로 기능할 수 있도록 돕는다. 특히 빈 의자 기법(empty chair technique)과 상징적 장면 재현 등은 VR 기술과 높은 적합성을 가지며, 시각적·공간적 구현을 통해 정서적 몰입을 촉진한다. 이 장에서는 VR 기반 게슈탈트 치료의 이론적 토대와 핵심 절차를 소개하고, 실제 상담에서의 적용 사례와 구현 방법을 구체적으로 제시한다. 또한 내담자의 정서적 반응을 유도하고 통찰을 촉진하기 위한 아바타 디자인, 환경 설정, 상호작용 설계의 원칙에 대해서도 다룬다.

1. 게슈탈트 치료란 무엇인가

게슈탈트 치료(Gestalt Therapy)는 1950년대 프리츠 펄스(Fritz Perls)에 의해 정립된 심리치료 접근법으로, '형태 심리학'에 뿌리를 두고 있다(Perls, 1969). 게슈탈트(Gestalt)는 독일어로 형태, 패턴, 배열을 의미하며, 전체는 단순한 부분의 합 이상이라는 개념을 내포하고 있다. 이 치료의 핵심은 '지금-여기'의 경험에 주의를 기울이고, 개인이 자신의 신체 감각과 감정 그리고 행동을 자각(awareness)함으로써 통합된 자기를 회복하도록 돕는 데 있다(Perls et al., 1977). 게슈탈트 치료는 인간을 고립된 존재가 아니라, 환경과 상호작용하며 끊임없이 의미를 구성해 가는 유기체적 존재로 본다(Latner, 1973). 따라서 개인이 자신의 감정이나 욕구를 인식하지 못하거나, 과거의 경험에 얽매여 현재의 삶에 온전히 반응하지 못할 때 심리적 불균형이 발생한다고 설명한다. 게슈탈트 치료의 주요 개념을 살펴보면 다음과 같다.

(1) 지금-여기

게슈탈트 치료는 '지금-여기(here-and-now)'의 경험을 중시한다. 과거의 사건을 해석하거나 분석하기보다는 그 기억이 지금 이 순간 어떻게 체험되고 있는지를 강조한다. 다시 말해, 과거의 사건을 회상하는 과정에서 느껴지는 감정, 신체 반응, 사고의 흐름 등을 현재 맥락에서 관찰하도록 유도한다. 예를 들어, 부모와의 갈등을 이야기할 때 "그때 그랬어요"가 아니라 "지금 말하면서 어떤 감정이 느껴지나요?"라고 묻는 방식이다.

(2) 자각

- 게슈탈트 치료는 '자각(awareness)'을 변화의 핵심 조건으로 본다. 개인이 자신의 감정, 생각, 신체 감각, 행동을 명확하게 인식할 수 있을 때 변화는 자연스럽게 발생한다(Yontef, 1993).
- 자각은 단순한 통찰을 넘어서 감정과 신체, 사고를 포함한 통합적 경험을 의미한다. 상담자는 내담자가 자신의 억압된 감정, 긴장, 회피 등을 알아차릴 수 있도록 돕는 역할을 하며, 이를 통해 자발적인 정서 통합을 지원한다.

(3) 접촉과 접촉 차단

- 개인은 불편한 감정이나 긴장을 피하기 위해 외부 세계와의 정서적 접촉(contact)을 무의식적으로 차단하는 경향이 있으며, 이러한 접촉 차단(resistances)은 투사(projection), 반전(retroflection), 내사(introjection), 융합(confluence) 등의 형태로 나타난다(Perls et al., 1951).
- 상담자는 내담자가 이러한 접촉 장애 기제(프로이트가 제안한 개념인 방어기제와 유사함)를 인식하도록 도우며, 더욱 직접적인 방식으로 자기 욕구를 표현할 수 있도록 개입한다.

(4) 미해결 과제

- 과거에 충분히 처리되지 못한 감정이나 관계는 현재 삶에 영향을 미치는 심리적 잔재로 남아 반복적으로 떠오르며 개인의 기능을 저해하는 '미해결 과제(unfinished business)'로 남는다

(Perls, 1969).

- 게슈탈트 치료에서 '미해결 과제'는 상담의 주요 작업 대상이며, '빈 의자 기법'은 이러한 미해결 과제를 현재의 장면으로 불러와 다룰 수 있게 해 주는 대표적인 기법이다. 내담자가 빈 의자에 특정 인물이나 감정을 상상하여 대화를 시도하도록 유도함으로써, 억눌린 감정을 표출하고 새로운 의미를 형성할 수 있도록 돕는다.

(5) 전체성

게슈탈트 치료의 궁극적인 목표는 '전체성(integration)'의 회복이다. 이는 사고, 감정, 신체 감각이 분리되지 않고 조화롭게 통합된 상태, 즉 '전체로서의 자기'를 회복하는 과정을 의미한다(Latner, 1973). 내담자는 자신의 다양한 감정과 내면의 경험을 있는 그대로 수용하고 통합함으로써 자기 통합을 이룬다. 상담자는 내담자가 감정 표현을 회피하거나 특정 자아에 과도하게 동일시하지 않도록 돕고, 상반된 감정이나 내적 갈등을 통합하도록 유도한다.

2. VR을 활용한 게슈탈트 치료

게슈탈트 치료는 본래 대면 상황에서의 직관적 상호작용과 감정 표현을 강조해 왔지만, 핵심적인 기법들이 '체험적 몰입'을 기반으로 한다는 점에서 VR 환경과 조화롭게 결합될 수 있다. 상담 현장에서 자주 활용되는 '빈 의자 기법'과 '두 의자 기법'을 중심으로, 이들이 VR 환경에서 어떻게 확장 적용될 수 있는지 살펴보고자 한다.

1) 빈 의자 기법

'빈 의자 기법'은 내담자가 감정적으로 얽혀 있는 특정 인물이나 자신의 내면 일부와 가상의 대화를 나누도록 유도하는 표현 중심의 치료 기법이다. 상담자는 내담자 앞에 빈 의자를 배치하고, 그 의자에 내담자가 감정을 전달하고자 하는 대상이 앉아 있다고 상상하도록 안내한다. 이를 통해 내담자는 평소에 표현하지 못했던 분노, 슬픔, 죄책감 등 미해결된 감정을 보다 직접적으로 표현할 수 있다. 이 기법은 감정 해소 및 자기 통합에 효과적인 것으로 보고 되어 왔으며(Greenberg & Rice, 1981), 단순한 감정 배출을 넘어 내담자의 자아 정체성과 내면의 서사를 재구성하도록 돕는 변형적(transformative) 치료 기법으로 발전해 왔다(Kellogg, 2014).

VR에서 구현된 빈 의자 기법은 정서적 몰입감과 자기 동일화 수준을 높여 보다 자연스럽고 진정성 있는 감정 표현을 촉진하는 장점이 있다(Ganschow et al., 2021). 또한 VR 환경은 현실에서 표현하기 어려운 민감한 감정을 보다 안전하고 몰입적인 공간에서 다룰 수 있도록 지원한다(Riva et al., 2007).

- VR 빈 의자 기법 적용 방식
  - 상담자는 내담자와 협의하여 빈 의자에 앉힐 가상의 인물을 설정한다. 이때 설정할 수 있는 가상의 인물은 '아버지, 어머니, 친구, 형제, 자매, 연인, 과거 어린 시절의 나, 미래의 나'

등 다양하다.

–대상 인물이 의자에 앉아 있는 장면을 시각적으로 구성한다(아바타로 제작). 아바타는 대상 인물의 외형, 나이, 말투, 옷차림, 평소 태도 등을 반영하도록 제작하여 내담자가 마치 실제 인물을 만나는 듯한 몰입 경험을 할 수 있게 한다.

–내담자는 대상 인물에게 하고 싶었던 말을 아바타를 바라보며 직접 전달하며, 상담자는 적절한 질문을 통해 내담자가 대상 인물에게 전하고 싶은 말과 감정을 충분히 표현할 수 있도록 격려한다.

–상담자는 내담자의 대화 흐름에 맞추어 아바타의 움직임(예: 고개 끄덕임, 미소 짓기, 손 흔들기)과 발화를 조작할 수 있다.

2) 두 의자 기법

'두 의자 기법'은 내담자의 내면에 존재하는 상반된 자아 간의 갈등을 해결하기 위해 사용하는 기법이다. 내담자는 각각의 의자에 자신 안의 두 가지 입장을 놓고 번갈아 가며 대화하는 과정을 통해 양극성을 통합한다. 예를 들어, '비판적인 자아'와 '방어하는 자아', 혹은 '불안한 자아'와 '용기 내고 싶은 자아' '우월한 자아'와 '열등한 자아' 사이에서 대화를 주고받으며 자기 안의 다양한 감정과 입장을 조율하게 된다. 이 기법은 내담자가 자기 내면의 혼란을 명확하게 인식하고, 억눌렸던 감정과 갈등을 표현함으로써 정서적 통합을 가능하게 한다(Greenberg, 2002). 특히 자기비판이나 수치심과 같은 감정이 내면에서 충돌할 때, 이 기법은 자아의 양극적 입장을 조망하고 조화시키는 데 효과적이다(Elliott & Greenberg, 2007).

VR 환경에서는 두 개의 아바타를 설정하여 각각의 자아 상태를 시각적으로 구현할 수 있다. 실제 두 의자 사이를 물리적으로 이동하는 대신, VR에서는 두 개의 아바타를 생성하여 내담자가 바라보는 장면을 자유롭게 전환하도록 설계할 수 있다. 내담자는 두 자아를 오가며 감정을 표현하고, 이러한 과정을 반복하면서 자기 내면의 갈등을 조망하고 감정 표현의 폭을 확장할 수 있다. Ganschow 등(2021)의 연구는 이러한 VR 기반 두 의자 기법이 정서적 생생함과 자기 동일시를 효과적으로 증진한다고 보고하였다.

- VR 두 의자 기법 적용 방식
  - 두 개의 아바타를 설정하고, 각각을 내담자의 서로 다른 자아 상태나 입장을 상징하는 형태로 구현한다. 가령, 열등감과 관련해서 고통을 받고 있다면, '열등한 모습의 나'를 시각적으로 표현한 아바타와 '우월한 모습의 나'의 아바타를 구현한다.
  - VR에서 두 개의 아바타는 내담자를 사이에 두고 각각 오른쪽과 왼쪽에 앉게 구현한다. 혹은 내담자와 마주 앉아 있는 모습으로 구현한 후 컨트롤러를 이용하여 마주 앉은 대상을 전환시킬 수 있다. 내담자는 먼저 '열등한 나'가 되어 오른쪽에 앉아 있는 '우월한 모습의 아바타'에게 대화를 건낸다. 그리고 다시 '우월한 나'가 되어 왼쪽에 앉아 있는 '열등한 모습의 아바타'에게 대화를 건넨다. 이 과정을 반복하면서 내담자는 자기 내면간의 대화를 수행할 수 있다.
  - 상담자는 내담자가 특정 자아에 과몰입하거나 회피할 때, 균형 있게 양쪽 입장을 탐색하도록 유도한다. 필요시 상담자는 아바타의 반응(예: 표정, 움직임, 발화)을 통해 대화 및 감정의

흐름을 조절할 수 있다.

3) VR 기반 게슈탈트 치료에 활용 가능한 플랫폼

아직까지 게슈탈트 치료에 바로 적용하여 사용할 수 있는 상용화된 VR 플랫폼은 찾아보기 어렵다. 다만 국내에서 제작된 심리치료 플랫폼인 SiTH(Self-Insight Therapy)의 사용을 해당 제작사[1)]에 개별적으로 의뢰할 수 있으며, Social VR 플랫폼인 VRChat을 활용하거나 3D 공간 디자인 플랫폼인 ShapesXR을 간접적으로 활용할 수 있다.

(1) SiTh

- SiTh(Self-Insight Therapy)는 XR 기술과 VH(가상 인간) 기술이 융합된 몰입형 심리치료 플랫폼으로, 심리상담에 특화된 독립형 시스템으로 개발되었다. 특히 게슈탈트 치료의 빈 의자 기법과 두 의자 기법을 효과적으로 구현할 수 있는 환경을 제공한다.
- 내담자와 아바타가 단순히 시각적으로 마주 보는 수준을 넘어, 정서적 상호작용을 중심으로 한 시나리오 설계가 가능하다. 이러한 특성은 실제 임상 현장에서의 적용 가능성을 높인다. 예를 들어, 내담자가 미해결 과제를 지닌 특정 인물을 설정할 경우, 아바타의 나이, 성별, 연령대, 피부색 등을 조정하여 해당 인물을 투사할 수 있는 외형을 구성할 수 있다. 이후 생성된 아바타는 빈 의자에 배치되며, 내담자는 HMD를 착용한 상태에서 아

1) VEXLab Inc. (n.d.). SiTh – Self-Insight Therapy Platform. https://vexlab.co.kr

바타와 마주 앉아 정서적 대화를 수행하게 된다. 이때 상담자는 PC 기반 관리자 모드를 활용하여 아바타의 움직임(예: 고개 끄덕임, 표정 변화)과 발화(상담자가 입력한 텍스트를 음성으로 변환)를 조절함으로써, 상호작용의 흐름과 감정 반응을 세밀하게 조율할 수 있다.

- 장비: Meta Quest 등의 HMD 장비와 호환

[그림 6-1] 애도 상담을 위해 SiTh 플랫폼에서 제공하는 고인 아바타 예시

(2) VRChat

- VRChat[2]은 사용자들이 자유롭게 자신이 원하는 커뮤니티를 형성하고 가상 공간에서 사회적 활동을 할 수 있는 몰입형 Social VR 플랫폼으로 다양한 환경과 아바타를 제공한다. 주된 용도는 사회적 상호작용 기반 커뮤니티 형성이지만, 프라이빗 공간을 설정한 후 빈 의자 기법을 활용한 상담이 가능하다.

2) VRChat Inc. (n.d.). VRChat. https://hello.vrchat.com

- VRChat 플랫폼에 접속하여 원하는 '월드(공간)'를 찾아 클릭하면 '새 인스턴스[3)]'를 만들 수 있다. '새 인스턴스'에서 'Invite'를 클릭하면 '새 인스턴스'의 주인인 사용자(상담자)가 수락하는 유저(내담자)만 들어올 수 있는 프라이빗 공간이 만들어진다.
- 빈 의자 기법을 구현하기 위해서는 HMD를 착용한 상담자가 상담실이나 휴게실 등의 가상 공간을 찾아 프라이빗한 공간을 만들고, 내담자 역시 HMD를 착용하여 상담자가 설정한 공간에 들어가 대화를 수행할 수 있다.
- VR에서 상담자와 내담자의 아바타는 플랫폼에서 제공하는 아바타 목록 중에서 선택할 수 있다. 다만, 기본적으로 제공되는 아바타는 만화적인 캐릭터가 많은 편이라, 원하는 외형의 아바타를 찾기 어려울 수 있다. 현실의 모습을 잘 반영한 (원하는 모습의) 아바타를 구현하려면, 'Unity'툴을 별도로 사용해야 하는 어려움이 있다.
- 장비: Meta Quest를 포함한 대부분의 HMD 장비와 호환

[그림 6-2] VRChat 플랫폼에서 '새 인스턴스 만들기'를 통해 구성한 프라이빗 공간 예시

3) 같은 월드를 복사해 만든 하나의 독립된 가상 공간

(3) ShapesXR

- ShapesXR[4]은 XR 디자인 협업 도구로 VR 공간에서 사용자가 직접 3D 공간을 디자인할 수 있는 플랫폼이다.
- 사용자는 빈 공간에서 기본으로 제공되는 도형(예: 큐브, 구, 평면)을 조합해 공간 설계를 할 수 있다. 도형으로 제작한 의자, 물건 등을 원하는 장소에 배치하여 빈 의자 기법의 상담 장면을 시각적으로 구조화할 수 있다. 단, 사용자의 역량에 따라 제작된 모형의 질적인 차이가 클 수 있다.
- 플랫폼 내에서 아바타를 구현하는 것은 어렵다. 그러나 외부에서 제작한 3D 모델(예: glb, .fbx)을 불러와 공간 안에 배치하는 것은 가능하며, 사람 모양의 3D 피규어나 캐릭터 모델을 눈앞에 두어 '사람 모양의 물체'를 연출할 수는 있다.

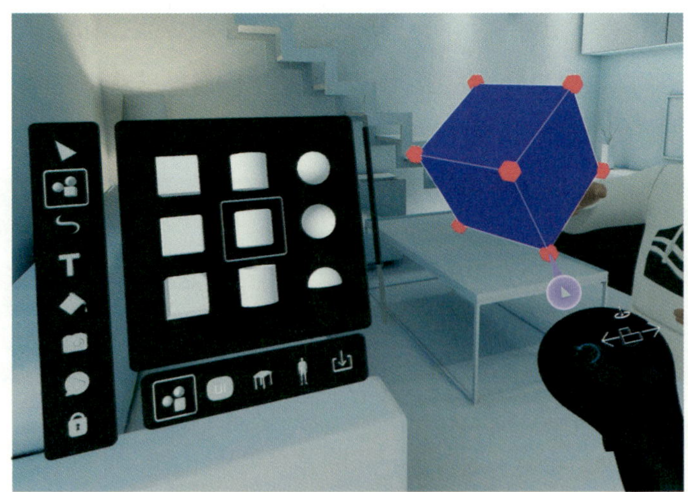

[그림 6-3] ShapesXR 플랫폼에서의 도형 제작 과정

---

4) ShapesXR Inc. (n.d.). ShapesXR. https://www.shapesxr.com

- 아바타와의 만남보다는 원하는 가상 공간(예: 추모 공원, 고인과의 추억 장소, 어린 시절 내 방)을 디자인하여 구성하는 데 더 유용하게 사용할 수 있다.
- 장비: Meta Quest와 Pico의 HMD 장비와 호환

3. VR 기반 게슈탈트 치료의 장점

VR은 몰입, 상호작용, 공간적 자유도를 제공하는 기술로서, 게슈탈트 치료의 핵심 기법들을 보완하고 확장하는 데 효과적인 도구가 될 수 있다. 특히 '지금-여기'의 경험, 감정의 자각, 미해결 과제의 상징적 마주침 등과 같은 게슈탈트 치료의 원리는 VR 기술이 구현하는 몰입 환경과 높은 적합성을 보인다. 구체적으로, VR 기반 게슈탈트 치료가 지닌 장점을 구체적으로 살펴보면 다음과 같다.

(1) 감정 표현의 촉진

VR은 단순한 상상 자극이 아니라, 시각적으로 구체화된 이미지와 공간을 제공함으로써 내담자의 정서적 반응을 보다 효과적으로 유도할 수 있다. 예를 들어, 고인의 얼굴을 반영한 아바타와 마주 앉거나, 과거의 가족 공간을 재현한 장면 구성은 내담자에게 '지금-여기'에서 과거를 체험하게 하는 감각적 몰입을 제공한다. 이는 회상 기반의 정서 처리보다 더 깊이 있는 감정 작업을 가능하게 한다. 게슈탈트 치료는 억눌린 감정의 표현과 정서적 통합을 중요한 치료 목

표로 삼는다. 내담자는 가상 공간에서 아바타와 대면하는 상황적 자극을 통해 자신의 감정을 덜 위협적인 방식으로 드러낼 수 있으며, 이는 감정 억제 경향이 강한 내담자에게 특히 유익할 수 있다.

(2) 몰입감과 자기 동일화의 강화

HMD가 제공하는 3D 공간과 음향 기술은 내담자가 치료 장면에 깊이 몰입하고 자신의 감정과 신체 반응을 생생하게 경험하도록 돕는다. Ganschow 등(2021)의 연구에 따르면, 두 의자 기법을 VR 환경에서 수행한 참가자들은 미래 자아와의 정서적 연결감과 동일화 수준이 유의미하게 향상되었으며, 이는 자아 탐색 및 정서 조절에 도움이 된다. 몰입된 상태에서 내담자는 현실보다 더 진솔하고 직접적으로 감정을 표현하게 되며, 이는 치료적 감정 정화 과정을 촉진한다.

(3) 치료적 거리감과 심리적 안전성

VR 공간은 '현실이 아닌 공간'이라는 인식을 가능하게 함으로써, 내담자가 감정적으로 과도하게 압도되지 않도록 돕는 심리적 완충지대를 형성한다. 특히 상실, 수치심, 분노와 같은 민감한 감정을 다루는 장면에서는 현실의 대면 상황보다 가상 공간이 안정감을 제공할 수 있다.

(4) 다양한 내담자 집단에 대한 접근성

감정 표현에 소극적인 내담자의 경우, 전통적인 대면 상담 상황에서는 감정을 자유롭게 표현하거나 깊이 있는 자기 탐색을 시도하는데 어려움을 느끼는 경우가 많다. 특히 빈 의자 기법처럼 특정 인물을 상상하고 그와 대화하는 장면을 구성해야 하는 기법은 상상력을 지속적으로 유지하기 어려워하는 내담자에게는 부담이 될 있다. VR 환경은 이러한 한계를 보완하여, 아바타를 통해 시각적으로 구현된 인물과 공간을 제공함으로써 상상에 의존하지 않고도 보다 자연스럽고 몰입감 있는 감정 작업을 가능하게 한다. 또한 상담자의 시선을 지나치게 의식하는 내담자에게도 VR 상담은 상대적으로 심리적 거리감을 제공한다. HMD를 착용하면 상담자는 보이지 않고 아바타와 '나'만 존재하기 때문에 전통적인 상상 기반 기법에서 느낄 수 있는 어색함이나 불편함을 줄이고 감정 표현의 문턱을 낮춘다.

4. VR 기반 게슈탈트 치료 시 유의 사항

VR 기반 게슈탈트 치료는 내담자의 정서적 표현과 자기 통합을 촉진하는 데 효과적일 수 있지만, 임상 적용 시 몇 가지 주의해야 할 점들이 존재한다.

(1) 감정 과몰입 및 탈감각화 위험

VR 환경은 높은 몰입감을 제공하기 때문에, 민감한 주제를 다루는 과정에서 내담자가 과도하게 감정에 몰입하거나 정서적으로 압도될 위험이 있다. 따라서 상담자의 사전 안정화 개입 및 지속적인 감정 조율이 필수적이다. 또한 일부 내담자들은 강한 몰입 경험 이후 현실 복귀 과정에서 혼란을 겪거나, 현실과 가상 환경 사이에서 감각적 이질감을 일시적으로 경험할 수 있으므로 이에 대한 사전 안내와 사후 모니터링이 필요하다.

(2) 기술적 한계와 몰입 방해 요소

VR 기반 상담은 기술적 구현에 따라 몰입감의 정도가 크게 달라질 수 있다. 낮은 해상도, 음성 지연, 아바타 외형의 실제 인물 반영 정도, 아바타의 부자연스러운 움직임 등은 감정 표현의 흐름을 방해하고 상담 효과를 저해할 수 있다. 또한 VR 기기의 무게, 착용감, 발열 문제 등 물리적 불편감은 상담 지속 시간에 영향을 미칠 수 있으며, 일부 내담자는 사이버 멀미 증상 혹은 언캐니 밸리[5] 문제를 호소할 수 있다. 이러한 요소들은 내담자의 몰입을 저해하고, 상담 장면에 대한 부정적 인식을 형성할 수 있으므로, 기술적 사전 점검과 개별 반응에 대한 유연한 대응이 필요하다.

(3) 내담자의 특성 및 적응도 평가

VR 기반 게슈탈트 치료는 모든 내담자에게 적합한 접근은 아니다. 예를 들어, 현실 검증 능력이 약화된 정신병적 증상(예: 망상, 환청)을 겪는 내담자 혹은 심한 해리 증상이나 PTSD로 인해 감정 트리거에 민감한 내담자의 경우, 몰입적 환경이 오히려 역효과를 유발할 수 있다. 따라서 상담자는 내담자의 심리적 특성과 진단적 프로파일을 충분히 평가하고, VR의 적절성 여부를 신중히 판단해야 한다. 또한 초기에는 단시간의 시범 노출을 통해 내담자의 반응을 확인하는 것이 바람직하다.

---

5) 언캐니 밸리(Uncanny Valley): 아바타의 외형이 대상 인물과 비슷할수록 호감도가 증가하다가, 어느 시점에서 갑자기 강한 불쾌감 또는 혐오감이 나타나는 현상

(4) 상담자의 기술적 역량과 훈련

VR 기반 게슈탈트 치료에서는 아바타 구현, 장면 구성, 반응 조작 등 기술적 조작 능력과 함께 내담자의 정서 흐름을 섬세하게 조율하는 역량이 필요하다. 특히 상담자가 아바타의 움직임이나 발화를 조작할 때, 과도한 개입으로 내담자의 감정 표현이 왜곡되거나 유도되지 않도록 주의해야 한다. 이는 자발적 정서 탐색을 방해하고, 라포 형성을 저해할 수 있다. 따라서 상담자는 내담자의 정서적 자율성과 심리적 안전성을 보장하는 방향으로 아바타를 조작해야 하며, 이를 위해 VR 기술에 대한 사전 훈련과 시뮬레이션 경험, 그리고 돌발 상황에 대한 대응 역량을 갖추는 것이 중요하다.

(5) 가상 인물 구현의 윤리적 고려

가상 인물(아바타) 구현을 위해서는 대상 인물의 얼굴, 목소리, 키, 나이 등의 개인정보가 필요하며, 이 정보는 대부분 대상자 본인이 아닌 제3자인 내담자가 제공한다. 이러한 상황에서는 개인정보 수집 및 활용에 대한 윤리적 검토가 필수적이다. 특히 고인이거나 연락이 닿지 않는 인물에 대한 정보 제공은 법적 동의 구조 바깥에서 이루어질 수 있기 때문에 상담자는 윤리적 판단력을 바탕으로 개인정보 활용의 범위와 목적을 제한하여 수행해야 한다.

5. VR 기반 게슈탈트 치료의 사례

VR 빈 의자 기법을 활용한 미해결 감정 작업

유기은(2024)은 중년(40~50대) 남성 10명을 대상으로, VR 기반 빈 의자 기법을 적용하여 '어린 시절의 나'와 만나는 경험을 한 후 이들의 경험을 질적으로 분석하였다.

ㅁ 연구 진행 과정

연구팀은 어린 시절의 모습을 한 아바타를 사전 제작하여 가상 공간 내 의자에 앉아 있는 장면을 구성하였다. 참가자들은 HMD[6]를 착용하고 가상 공간에 입장하여 아바타와 대면하고, '어린 시절의 나'와 대화하며 유년기의 미해결된 감정을 표현하였다.

ㅁ 연구 결과

참가자들은 "몰입적인 감정 표현" "미해결 감정의 해소" "시각 자극의 구체성이 감정을 이끌어 냄" 등 긍정적인 경험을 보고하였다. 반면, 일부 참가자들은 몰입을 방해하는 요소로 실제 자신의 모습과 아바타 간의 이질감, VR과 HMD 장비에 대한 낯섦, 아바타의 제한된 비언어적 표현 등을 언급하였다.

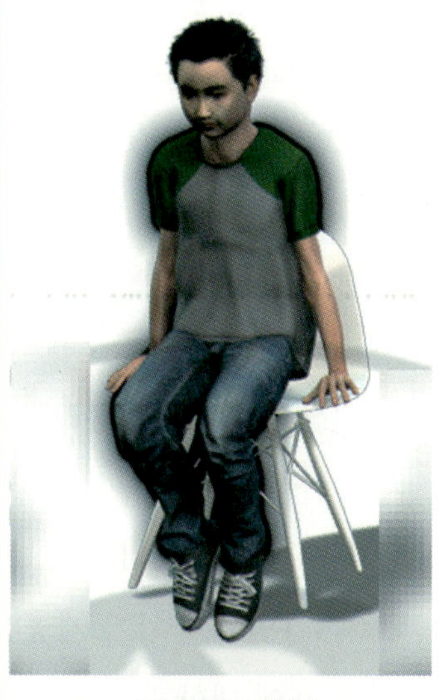

VR에서 만난 '어린 시절 나'의 모습

6) Meta Quest 2 HMD 사용(제조사: Meta, 제조 연도: 2020).

VR 빈 의자 기법을 활용한 애도 상담

조민경 등(in review)은 빈 의자 기법을 위한 VR 플랫폼을 개발하여, 애도 상담을 진행하고 그 효과성을 질적 분석하였다. 상담 대상은 죽음으로 인한 상실을 경험한 11명의 성인이며, VR 애도 상담은 단 회기 개인 상담 형식으로 진행되었다.

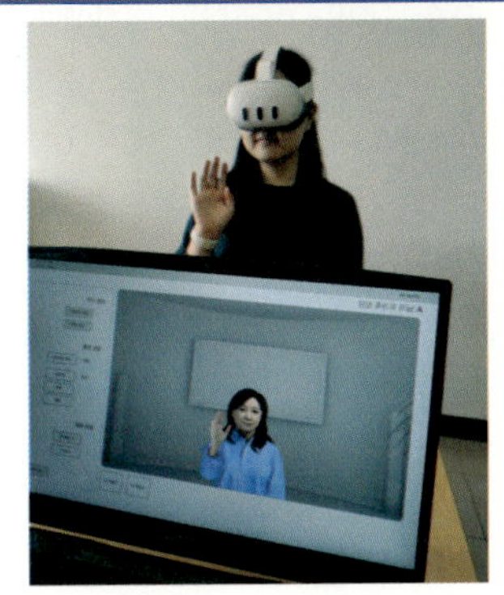

VR 애도 상담 장면

ㅁ 연구 진행 과정

구체적인 연구 절차 및 상담 과정은 다음과 같다.

1. 내담자로부터 고인의 사진(무표정 증명사진 1장, 전신사진 1장)을 받아 이를 기반으로 고인의 아바타를 사전 제작하였다.
2. 고인의 아바타가 의자에 앉아 있는 가상의 방을 설계하였다.
3. 상담을 위해 HMD(내담자용)[7)]와 상담자용 PC(가상 공간 내 환경과 아바타 조작용), 그리고 아늑한 상담실을 준비하였다.
4. 대면 상담은 다음의 3단계 절차로 진행되었으며, 전체 소요 시간은 약 60~90분이었다.
   - 1단계(사전 준비): 내담자는 상담자와 함께 상담 동기, 현재의 애도 감정, 고인과 나누고 싶었던 이야기를 사전에 공유하였다(약 20분).
   - 2단계(VR 상담): 내담자는 HMD를 착용한 후 가상 공간에 입장하여 고인을 만났다. 처음 마주하는 장면은 고인의 뒷모습이며, 상담자가 내담자에게 '고인을 만날 준비가 되었는지'를 확인한 후, PC를 조작하여 고인이 뒤돌아 내담자를 마주보게 하였다. 상담자는 "인사 나누세요" "전하고 싶었던 말을 해 주세요" 등 촉진 질문을 통해 내담자가 고인의 아바타와 충분히 대화할 수 있도록 격려하였다. 또한 내담자가 감정에 압도되지 않도록 정서적 지지를 제공하고, 필요시 아바타의 반응(예: 고개 끄덕임, 표정 변화)을 조작하여 감정의 흐름을 조절하였다(약 25~45분).

7) Meta Quest 3 HMD 사용(제조사: Meta, 제조 연도: 2023).

- 3단계(사후 상담): 내담자가 고인과의 작별 준비가 되었음을 확인한 후, 상담자는 고인의 아바타가 의자에서 일어나 방 밖으로 나가도록 조작하였다. 이후 내담자는 HMD를 벗고, 가상 공간에서의 경험과 떠오른 감정 · 생각에 대해 상담자와 이야기 나누었다(약 20~30분).

ㅁ 연구 결과

참가자들은 '고인에게 하지 못한 말, 함께한 추억, 용서받지 못한 기억, 고마웠던 마음, 전하지 못한 작별 인사' 등을 충분히 표현할 수 있었다고 보고하였다. 또한 '마음이 후련해지고 가벼워짐' '앞으로 내가 어떻게 살아가야 할지 알 것 같음' 등의 정서적 · 인지적 통찰을 경험하였다고 진술하였다.

VR 두 의자 기법을 활용한 미래 자아 체험

ㅁ 연구 진행 과정

Ganschow 등(2021)은 대학생 93명을 대상으로, 게슈탈트 치료의 두 의자 기법을 변형하여 '현재 자아'와 10년 후 '미래 자아' 간의 대화를 유도하는 시점 전환 훈련(perspective-taking exercise)의 효과를 검증하였다.

VR에서 현재 자아와 마주한 장면

VR에서 미래 자아와 마주한 장면

구체적인 진행 과정은 다음과 같다.

1. 참가자들은 무작위로 세 집단(VR 조건, 비-VR 조건, 통제 조건)에 배정되었다.
2. 비-VR 조건 참가자들은 실험실 내에 배치된 두 개의 의자 사이를 물리적으로 오가며, 현재 자아와 미래 자아의 역할을 번갈아 수행하였다. 각 의자에는 이름, 나이, 날짜가 표시된 명패가 부착되어 두 자아 간의 구분이 명확하게 이루어지도록 하였다. 참가자는 연구자가 사전에 구성한 9개의 공통 질문을 바탕으로, 현재 자아의 입장에서 미래 자아에게 질문을 하고 녹음하였다. 이후 미래 자아의 자리에 앉아 녹음된 질문에 자유롭게 응답하였다.

3. VR 조건 참가자들은 HMD[8)]를 착용한 상태에서 VR 공간 내 두 개의 의자 간 시점을 전환하며 동일한 과정을 수행하였다. 물리적 이동 없이 버튼 클릭하여 시점을 전환하며, 장면 전환 시 시각적 페이드 효과와 효과음이 제공되어 역할 전환의심리적 몰입을 돕도록 설계되었다.
4. 통제 조건 참가자들은 어떠한 처치 없이 사전 · 사후 설문만을 실시하였다.

□ 연구 결과

VR 조건에서는 미래 자아와의 감정적 연결감(emotional connectedness), 유사성(perceived similarity), 생생함(vividness), 호감도(liking)의 네 가지 심리적 지표가 사전 대비 유의미하게 향상되었다. 반면, 비-VR 조건에서는 생생함과 호감도 두 영역에서만 유의미한 증가가 나타났다. 이는 VR 환경이 몰입감과 역할 전환 효과를 통해 미래 자아에 대한 자기 동일시(self-identification)를 강화하고, 미래 자아와의 심리적 거리감을 좁히는 데 효과적임을 시사한다.

VR 두 의자 기법을 활용한 '상전'과 '하인'의 대화

곽윤정 등(2025)은 스트레스를 경험하는 중년 남성 10명을 대상으로, VR 환경에서 게슈탈트 상담의 두 의자 기법을 체험한 경험을 질적 분석하였다.

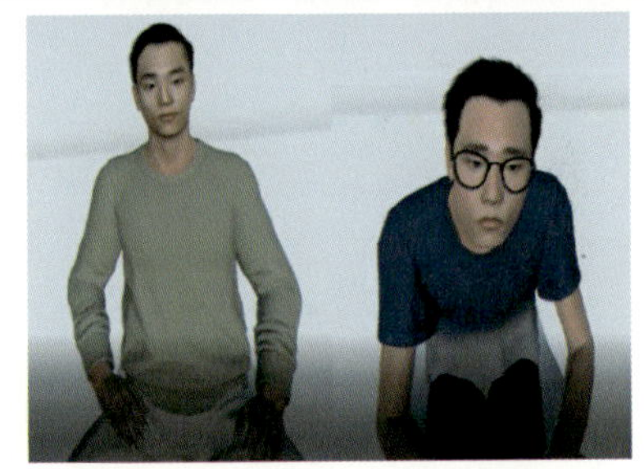

VR에서 마주한 '상전의 자아'와 '하인의 자아'

□ 연구 진행 과정

연구팀은 게슈탈트 치료의 핵심 기법 중 하나인 '두 의자 기법'을 VR에서 구현하기 위해, 상반된 두 개의 자아('상전' 자아 vs '하인' 자아)를 각각 아바타의 형태로 가상 공간 내 두 개의 의자에 배치하였다. 참가자들은 HMD[9)]를 착용한 상태에서 약 10분간 두 아바타를 오고가며 대화하였다. 이 과정에서 참가자들은 주로 '하인'의 자리에 자

8) Oculus Rift CV1 HMD 사용(제조사: Oculus VR, 제조 연도: 2016)
9) Meta Quest 2 HMD 사용(제조사: Meta, 제조 연도: 2020)

신을 투사하여 억압된 감정이나 내면의 불편함을 표현하였고, 이어 '상전' 아바타와의 상호작용을 통해 자기비난, 감정 억제, 내면의 갈등 구조를 보다 명확히 자각하는 정서적 통찰 과정을 경험하였다.

□ 연구 결과

자기 개방의 촉진, 정서적 해소, 상반된 자아 간 관점 전환 등 긍정적인 효과가 관찰되었으며, 이는 정서 표현에 소극적인 중년 남성들에게 특히 유의미한 접근이 될 수 있음을 시사한다. 하지만 아바타의 반응이 제한적이라는 점, 배경의 단조로움, 비언어적 상호작용의 부족 등 기술적 한계와 몰입 저해 요소도 함께 지적되었다.

제7장

가상현실 상담: 사회적 기술 및 공감 능력 향상

이 장에서는 사회적 기술 능력을 향상시킬 수 있는 VR 기반 콘텐츠를 다루고자 한다. 사회적 기술의 의미와 중요성을 살펴보고, VR을 활용한 사회적 기술 훈련 콘텐츠별 특징을 다룬다. 기존에 사회적 기술 향상을 위해 사용되었던 전통적인 방법과 비교하여 VR 기반 사회적 기술 훈련 콘텐츠가 어떤 장점과 한계가 있는지 살펴본다.

1. 사회적 기술이란 무엇인가

우리는 일생 동안 다양한 사람들과 관계를 맺으며 살아간다. 사람들과 적절한 관계를 형성하고 긍정적인 상호작용을 경험하는 것은 삶의 행복을 결정하는 중요한 요소라고 할 수 있다. 반대로, 관계에서 유발되는 스트레스나 사회적 고립은 불안장애와 우울증의 원인이 되기도 한다.

개인이 가진 사회적 기술 수준은 긍정적인 관계 형성 및 성공적인 사회생활에 직간접적으로 영향을 미친다. 여기서 사회적 기술이란 인간관계를 맺는 데 필요한 능력으로, 언어적 · 비언어적 행동을 통해 원활한 상호작용을 이끌어 가는 사교적 능력을 의미한다(상담학 사전, 2016). 구체적으로는 의사소통 능력, 감정 인식 및 표현 능력, 갈등 해결 및 협업 능력 등이 포함되며, 언어적인 요소뿐만 아니라 표정, 몸짓, 말의 억양과 같은 비언어적 표현도 포함된다.

한편으로, 사회적 기술과 밀접한 관련이 있으면서 타인과의 긍정적인 관계 형성에 중요한 역할을 하는 공감 능력이 강조되고 있다. 공감이란 타인의 입장을 이해하고 상상해 보는 인지적 능력뿐 아니라 타인과 유사한 감정을 느끼며 이를 공유하는 정서적 반응을 포함한다(Davis, 1983). 공감은 친밀한 관계를 형성하는 데 있어 중요한 역할을 하며(Baston, 2014), 공감이 부족하면 대인관계 갈등을 경험할 수 있다. 예를 들어, 학교폭력을 일으키는 가해 학생들은 공감 능력이 부족한 경향이 있으며(Olweus, 1993), 공감 능력을 향상시키는 것이 집단 따돌림에 대한 동조 행동을 억제하는 데 도움이 될 수 있다(김지현, 2002). 이러한 맥락에서 교육부(2014)에서는 공감과 소통 등을 포함한 6대 핵심 역량을 중심으로 '어울림' 교육 프로그램을 제시하기도 하였다. 공감은 정서적으로 상대방과의 연결감을 느끼게 해 준다는 측면에서 사회적 기술의 일부라고 할 수 있다. 사회적 기술은 정서적인 측면뿐 아니라, 비정서적인 측면(일상생활-물건사기, 질문하기, 주문하기 등)을 포함한다는 점에서 좀 더 포괄적인 개념이라고 볼 수 있다.

우리 사회에서는 사회적 소통 능력에 어려움이 있는 사람들을 대상으로 사회적 기술 향상을 위한 훈련이 다양하게 실시되고 있다. 이를테면, 학교에서 친구 사귀기가 필요한 아동, 사회적 신호 해석이나 대화 기술 훈련이 필요한 자폐스펙트럼장애 아동 및 성인, 직장 내 커뮤니케이션 능력 향상이 필요한 성인 등이 해당된다. 일반적으로 사회적 기술을 향상시키기 위해 교육 및 상담 과정은 다음과 같은 3단계를 거친다.

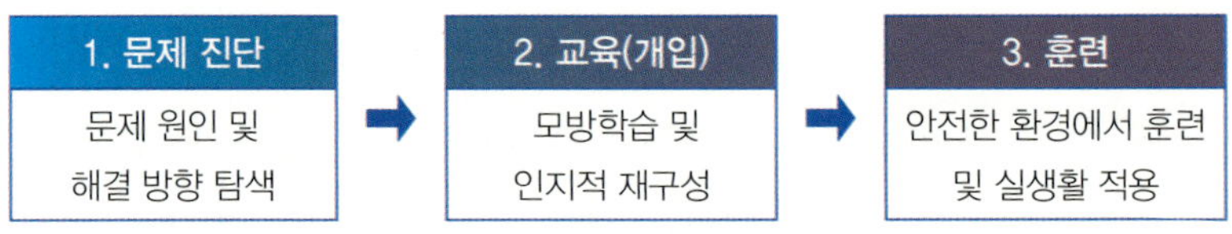

[그림 7-1] 사회적 기술 향상을 위한 문제 탐색 및 개입 과정

- 문제 진단 단계: 내담자가 사회적 상호작용에서 겪고 있는 어려움과 그 원인을 평가한다.
- 교육(개입) 단계: 내담자가 두려워하는 사회적 상황에서 적절하게 대처하는 방법을 학습한다. 상담자는 모델링을 통해 바람직한 행동을 시연하고, 내담자는 이를 관찰하며 모방학습(modeling)을 통해 새로운 행동을 습득할 수 있다. 또한 문제의

원인이 기술 부족이 아니라, 비합리적이고 왜곡된 사고방식에서 비롯된 경우도 있다. 예를 들어, "내가 먼저 말을 걸면 거절당하고 망신을 당할 거야." "사람들은 날 바보 같다고 생각하고 비웃을 거야." "나는 원래 사회성이 없어."와 같은 비합리적인 생각들이 사회적 상호작용에서 긴장감이나 회피 행동을 유발할 수 있다. 이런 경우에는 부정적인 사고를 인식하고 보다 현실적이고 합리적인 사고로 재구성하는 인지적 작업이 진행될 필요가 있다. 이러한 논의 과정을 거쳐 내담자 스스로 자신만의 해결책을 찾도록 안내해 줄 수 있다.

- 훈련 단계: 이러한 과정을 거친 후 구체적인 행동 훈련이 이루어진다.
  - 역할 연습: 상담자와 함께 안전한 환경에서 다양한 상황을 연습하며 피드백을 받는다. 안전한 환경에서 익힌 훈련은 내담자가 실제 마주할 환경과 차이가 있기 때문에 학습된 행동이 현실로 이어지게 하기 위해서는 많은 연습이 필요하다. 부정적으로 반응할 경우를 대비한 대처 연습이 필요할 수 있다.
  - 소그룹 훈련 혹은 집단 상담: 비슷한 어려움을 가졌거나 혹은 서로 다른 어려움을 가진 참여자들이 함께 모여 상담자의 안내에 따라 사회적 기술을 연습하고 서로 피드백을 주고받으며 격려할 수 있도록 돕는다.

2. VR을 활용한 사회적 기술 훈련

최근에는 VR을 활용한 사회적 기술 훈련이 주목받고 있다. VR 기반 사회적 기술 훈련은 전통적인 접근들과 비교해서 효과적으로 내담자의 의사소통 능력과 사회적 기술이 향상되도록 도울 수 있다. VR 기반 사회적 기술 훈련에서는 실제와 유사한 다양한 사회적 상황을 구현하여 반복적인 연습이 가능하며, 내담자는 비교적 안전한 환경에서 사회적 노출을 경험함으로써 효과적인 연습을 할 수 있다. 또한 상호작용 과정이 실시간으로 모니터링되기 때문에 상담자는 내담자가 직면하는 어려움을 관찰하며 보다 정교한 피드백을 제공할 수 있다.

VR 기반 사회적 기술 훈련 콘텐츠는 상담자가 개입할 수 있는 정도에 따라 구분될 수 있다. 예를 들어, 내담자와 AI가 상호작용하는 과정을 상담자가 단순히 관찰하고, 추후 개입 시 참고할 자료로 활용하는 방식이 있을 수 있다. 또는, 내담자의 반응에 따라 상담자가 실시간으로 상황 시나리오를 개입할 수 있는 콘텐츠도 있다. 현재 활용 가능한 VR 기반 사회적 기술 훈련 콘텐츠는 다음과 같다.

1) Floreo

Floreo는 가상 환경에서 사회성, 의사소통, 행동 및 생활 기술을 학습할 수 콘텐츠이다. 일상생활(예: 대중교통 이용, 협력작업, 경찰관과 대화), 대화 기술(예: 인사하기, 스몰토크하기)을 가상으로 연출하여 사회적 기술을 반복적으로 연습할 수 있도록 구성되어 있다. 내담자는 VR 헤드셋을 착용하고, 상담자는 아이패드를 통해 내담자의 화면을 실시간으로 관찰하며 진행할 수 있다. 학습자의 수업 진행 여부는 별도의 포털 시스템을 통해 확인할 수 있다. 내담자가 성인 혹은 아동 여부에 따라 가상 아바타의 말투와 어조도 조정된다(예: 성인의 경우 경찰 아바타가 더 엄격하고 딱딱한 어조로 말하는 설정이 적용된다). 현재 아이패드에서만 사용이 가능하며, 노트북이나 다른 태블릿에서는 이용이 제한된다. 유료 서비스로 제공되며, 영어만 지원되고 한국어 지원은 제공되지 않는다.

실제 운영 예시는 다음과 같다. 먼저 상담자는 사회적 기술 훈련을 위한 다양한 상황(예: 친구가 고민이나 의견 등 잡담을 나누는 상황 혹은 경찰이 질문할 때 등)을 선택할 수 있고, 내담자는 각 상황에서 제시되는 질문에 대한 대답을 한다. 예를 들어, 경찰과 마주한 상황에서 "여기서 무엇을 하고 계십니까?"와 같은 질문을 받는다. 이후 내담자의 반응 수준에 따라 후속 질문으로 이어진다. 만약 적절한 반응을 한 경우 다음 질문으로 넘어가서, 내담자의 이름은 무엇이고 어디에 사는지 질문을 이어진다. 반면 내담자의 답변이 모호하다고 판단되면 상담자는 "좀 더 설명해 줄 수 있습니까"를 선택해서 좀 더

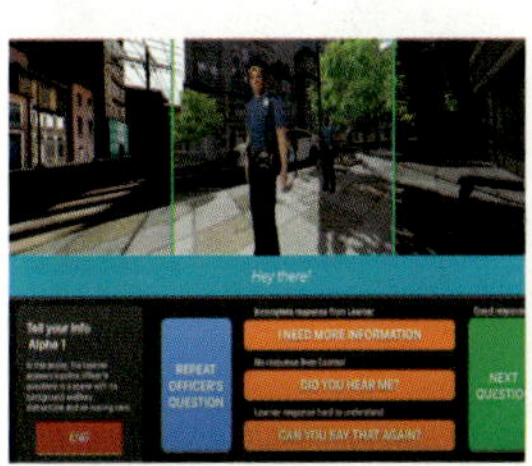

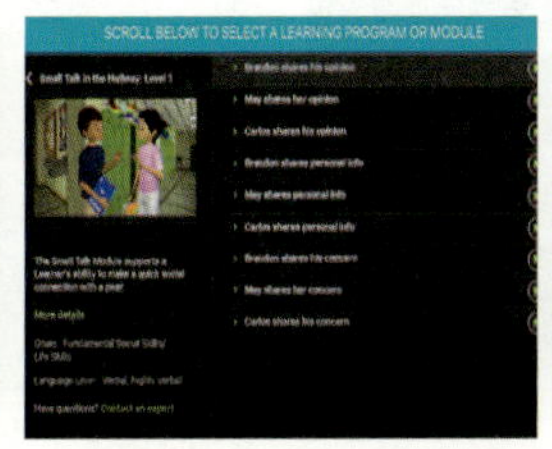

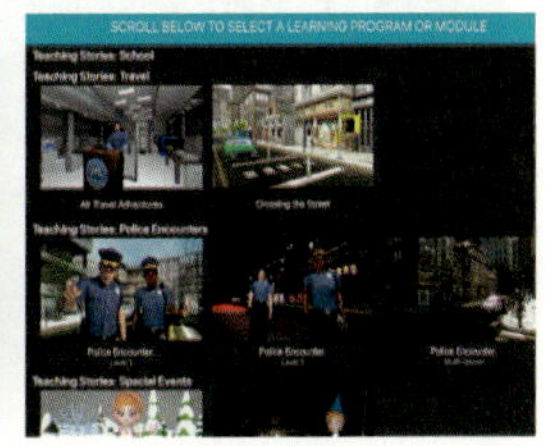

[그림 7-2] Floreo 앱 상담자 화면

출처: Floreo VR (n.d.).

명확히 말하도록 요구할 수 있고, 반응이 없을 경우 "제 말이 들리십니까?"를 선택할 수 있다. 또 내담자의 말이 잘 안 들릴 경우 "한 번 더 말씀해 주시겠습니까?"라고 반응함으로써 사회적 상황에서의 의사소통을 연습하게 한다.

2) Replika

Replika는 AI와 대화 시뮬레이션을 기반으로 감정 공유 및 피드백 훈련 코칭 기능을 제공하며, 음성 통화도 지원하는 프로그램이다. 무료 이용자의 경우 채팅 기반으로 대화를 나눌 수 있으며, 유료 구독 시에는 AI 기억력이 향상되고 보다 자연스럽고 깊은 대화를 할 수 있다. 또한 유료 사용자는 코칭 탭(예: 사회적 기술 향상, 스트레스 및 불안 관리, 감정 조절, 긍정적 사고, 건강한 습관)에 접근할 수 있으며, AI와의 음성 통화 기능도 제공된다. Replika에서는 상담자가 프로그램을 직접 조작하거나 통제할 수는 없지만, 내담자가 AI와 상호작용하는 과정을 관찰하면서 적절한 피드백을 제공하는 방식으로 활용할 수 있다. 현재 한국어는 지원되지 않으며, 영어로만 이용 가능하다.

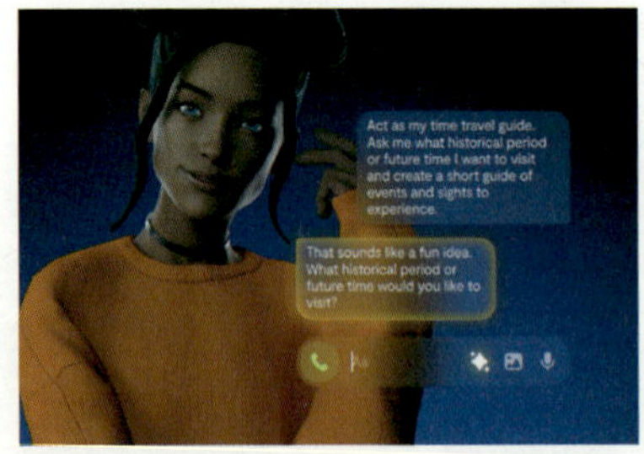

출처: Replika (n.d.).

출처: Meta 앱스토어에서 Replika-AI Friend

[그림 7-3] **Replika 앱 사용자 화면**

3) SocialWise VR

SocialWise VR은 1인칭 시점으로 촬영된 영상을 기반으로 다양한 상황 시나리오(예: 파티, 카페, 공항)가 제공된다. 참가자는 각 상황에서 제시되는 질문에 대해 친사회적 반응 또는 비사회적 반응 중 하나를 선택하여 반응하게 되며, 상담자의 판단에 따라 긍정적인 반응(수용) 또는 부정적인 반응(거부)과 같은 피드백을 즉각적으로 경험한다. 이를 통해 참가자는 실제 상호작용에 가까운 방식으로 사회적 반응을 학습하게 된다. 현재 한국어 지원은 제공되지 않고 영어로만 이용 가능하며, 유료로 사용 가능하다.

출처: Rebecca Jiang (n.d.).

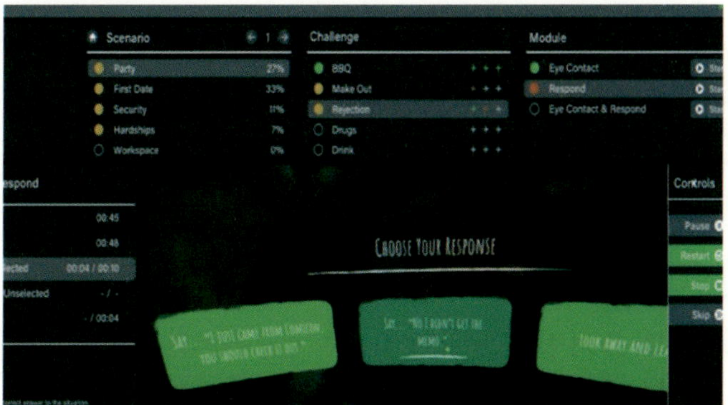

출처: Start Beyond (n.d.).

[그림 7-4] SocialWise VR 상담자 화면

실제 운영 예시는 다음과 같다. 2개의 세션(상담자용, 개인 연습용)이 있고, 7개의 시나리오(파티, 카페, 공항, 직장 등)를 1인칭 시점에서 경험할 수 있게 구성되어 있다. 각 장면마다 눈 마주치기, 질문에 적절히 반응하기 등 학습 목표를 인지할 수 있도록 안내어가 제시된다. 이를테면 "어제 농구 경기를 보았어?"라는 질문에 내담자는 세 가지 반응("안 봤어. 누가 이겼어?" 또는 "나는 핫포켓(스포츠의 일종)을 좋아해" 또는 "나는 야구를 선호해") 중 하나를 선택할 수 있다. 만일 내담자의 응답이 부적절하면(예: 나는 야구를 선호해) "그럴 수 있지. 그런데 여기는 농구가 홍한 도시야"라는 부정적인 피드백이 돌아온다.

4) 엠파씨 VR

국내에서는 VR 기반으로 상용화된 사회적 기술 훈련 콘텐츠가 아직 많지 않은데, ㈜벡스랩에서 심리검사 및 교육용으로 개발한 엠파씨 VR이 있다. 이 콘텐츠는 청소년의 공감 유형을 측정하고, 이를 기반으로 공감 능력을 향상시키는 데 목적을 두고 개발되었다. 청소년들이 일상에서 흔히 경험할 수 있는 다섯 가지 상황 시나리오가 제공되며, 각 시나리오가 끝나고 사용자에게 공감과 관련된 질문이 제시된다. 이때 사용자의 선택뿐 아니라 비언어적 데이터(예: 시선 추적)를 함께 수집하여 공감 능력을 평가하고 추후 표정, 몸짓 관련 데이터도 수집할 예정이다. 설문지를 기반으로 하는 기존의 공감 수준 평가는 사회적 바람 직성의 영향을 받아 왜곡될 수 있는데, 엠파씨 VR은 상황 기반 시뮬레이션을 통해 보다 자연스럽고 실제적인 공감 능력를 평가한다. 엠파씨 VR은 상담에서도 활용될 수 있는데, 상담자는 내담자의 공감 유형 평가 결과를 바탕으로 공감 향상 전략 등의 상담 목표를 수립할 수 있다. 유료 서비스로 제공된다.

시나리오 예시는 다음과 같다. 화면에서 가상의 인물들이 체육대회 축구 경기에서 아쉽게 패배한 것에 대한 대화를 나눈 장면이 제시된 이후, 내담자는 이어지는 질문에 답을 하게 된다. 총 5개의 시나리오를 마치면, 이후 몇 가지 설문을 바탕으로 여덟 가지 공감 유형 중 자신에게 해당하는 공감 유형과 특징 및 보완점을 확인할 수 있다. 검사 결과지는 출력이 가능하며, 여러 명의 내담자를 관리하는 관리자의 경우 별도 사이트에서 결과를 확인할 수 있다.

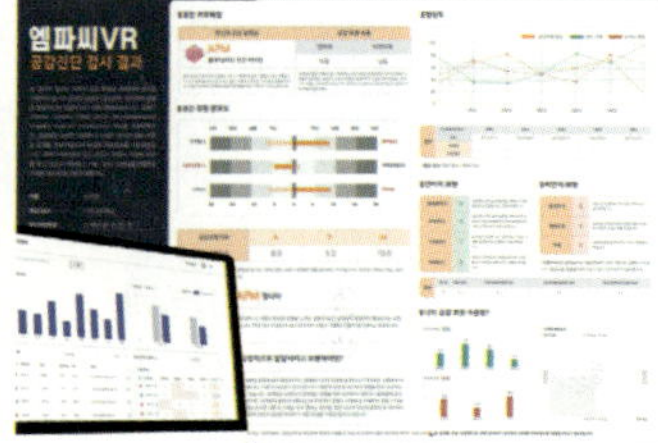

[그림 7-5] **엠파씨 VR 사용자 화면**

3. VR 기반 사회적 기술 훈련과 기존 훈련 방법의 장단점 비교

기존의 전통적인 사회적 기술 훈련 방법과 비교하여 VR 기반 사회적 기술 훈련의 장점 및 단점을 살펴보면 다음과 같다(〈표 7-1〉 참조). 상담자는 기술 훈련 방법의 장단점을 고려하여 내담자의 수준에 가장 적절한 방법을 선택하여 적용할 수 있다. 이를테면, 먼저 상담자와 내담자가 역할 연습을 통해 사회적 기술을 훈련한다. 다음으로 내담자는 비교적 안전한 환경인 VR 기반 사회적 기술 훈련에서 이를 반복 연습한다. 이후 실제 상황과 유사한 환경인 소그룹 훈련 및 집단 상담에 참여하여 학습한 기술을 직접 적용하고 그 효과를 더욱 공고히 할 수 있다.

〈표 7-1〉 VR 기반 사회적 기술 훈련과 기존 훈련 방법의 장단점 비교

	장점	단점
역할 연습	– 참가자의 문제에 초점을 맞춰 진단 및 개입 가능 – 안전한 환경에서 연습 가능 –비언어적 표현 피드백 용이	– 상담자와의 연습 상황에서 습득한 것과 달리 실제 상황에서는 예상치 못한 상대방의 반응 등 돌발 상황이 생길 수 있음. 이에 대처할 수 있도록 충분한 교육이 필요함
소그룹 훈련 및 집단 상담	– 1:1 역할 연습에 비해 참가자가 직면할 현실과 유사한 상황 속에서 연습할 수 있음 – 자신만이 이러한 어려움을 겪고 있는 게 아님을 인식하고, 유대감 및 협동심을 기반으로 사회적 기술을 연습할 수 있음 – 상호작용을 관찰하며 내담자에게 즉각적인 피드백을 제공할 수 있음 –비언어적 표현 피드백 용이	– 중재자가 있으나 예상치 못한 갈등이 발생할 수 있음 – 내담자 입장에서 낯선 사람들과 상호작용하는 것이 부담스러움 – 집단에서 이탈자가 발생할 수 있음 – 1:1 역할 연습에 비해 집단 내에서 자신의 문제에 초점이 맞춰지기까지 시간이 지연될 수 있음

VR 기반 사회적 기술 훈련	– 현실 상황과 유사한 몰입감 – 내담자 또는 상담자가 상황을 통제할 수 있어, 보다 안전한 환경에서 훈련 가능 – 실패에 대한 부담이 적으며 반복적인 연습 가능 – 내담자의 반응을 실시간으로 관찰하며 피드백 제공 가능 – 공간 제약이 적고, 필요에 따라 상담자 없이도 스스로 훈련 가능 – 콘텐츠에 따라서 참가자의 반응에 따라 가상 인물의 피드백 및 상호작용을 다양하게 제공 가능 (상담자가 직접 반응을 선택하여 할 수도 있음)	– 콘텐츠가 제공하는 기술 수준에 따라 그래픽의 현실감과 몰입도가 달라질 수 있음 – 아직까지 대부분의 콘텐츠가 영어로 제공되며, 한국어 지원이 제한적인 경우가 많음 – VR 기기 초기 세팅 및 비용이 부담될 수 있음 –비언어적 표현(눈맞춤, 표정이 기기에 의해 가려짐) 피드백이 제한됨

4. VR 기반 사회적 기술 훈련 시 유의 사항

VR 기반 사회적 기술 훈련을 시행할 때에는 내담자의 심리적 안전을 최우선으로 고려해야 한다. 내담자를 면밀히 평가하여 공황 발작이나 극심한 불안을 경험하지 않도록 주의하고, 불안을 유발할 수 있는 상황을 세분화하여 적절한 수준으로 노출시키는 것이 중요하다. 경우에 따라 10~15분 정도 사용 후 충분한 휴식 시간을 제공하는 것도 필요하다.

(1) 콘텐츠 실시 전

- VR 환경이 실제 상황이 아님을 명확히 설명하고, 원할 경우 언제든지 중단할 수 있음을 안내한다.
- 참가자가 불안이나 긴장이 올라올 때 사용할 수 있도록 심호흡 등 안정화 기법을 사전에 연습하고 숙달시키는 것이 중요하다.
- 참가자와 함께 논의하여 각 상황별로 감당할 수 있는 수준을 구체적으로 설정하고, 이에 따라 불안 위계를 작성한다.

(2) 콘텐츠 실시 중

- 체험 도중 참가자의 언어적 · 비언어적 신호를 주의 깊게 관찰하여 불안의 강도를 실시간으로 확인한다.
- 참가자가 통제하기 어려운 수준의 불안이나 공황 증상이 나타날 조짐이 보일 경우 즉시 콘텐츠를 중단하고, 사전에 연습한 안정화 기법을 적용하도록 돕는다.

(3) 콘텐츠 실시 후

- 체험 종료 후 불안이 유발되었던 지점을 함께 점검하고, 각성되었던 순간 및 학습 내용을 논의한다.
- 참가자가 안정감을 회복할 수 있도록 지원하고, 이후 훈련 계획에 반영한다.

5. VR 기반 사회적 기술 훈련의 사례

VR 기반 사회적 기술 훈련의 효과성을 살펴본 연구들이 다수 진행되었다. 예를 들어, Yang 등(2025)의 연구에서는 자폐증 아동 및 청소년을 대상으로 VR 개입을 활용한 14편의 연구를 분석한 결과, VR 개입이 사회성 기술 향상에 긍정적인 영향을 미치는 것으로 확인되었다. 국내에서도 Lee 등(2023)의 연구에서 자폐 아동을 대상으로 메타버스 플랫폼을 활용하여 주 1회씩 총 4회 훈련한 결과, 상호작용 능력이 향상되었을 뿐 아니라 정서 및 행동 문제 개선에도 긍정적인 효과가 나타났다. 또 다른 연구로, Calderone 등(2024)이 자폐증 성인을 대상으로 한 VR 개입 연구들을 검토한 결과, VR 기반 훈련이 사회적 기술, 면접 능력, 일상 생활 기능을 향상시키는 데 효과적이라는 결과가 확인되었다. Horigome 등(2020)은 사회불안이 있는 참가자를 대상으로 한 VR 노출 치료 연구를 메타분석한 결과, VR 기반 노출 치료가 유의미한 효과를 보였으며 장기적으로는 그 효과가 유지되었지만, 실제 노출 치료에 비해 다소 효과가 감소되는 것으로 나타났다. 이러한 결과들은 VR 기반 사회적 기술 훈련이 단기적으로는 사회적 기술이 필요한 내담자들에게 효과적일 수 있음을 시사한다. 다만, 장기적 효과에 대해서는 추가적인 연구가 이루어질 필요가 있다.

제8장

Social VR

이 장에서는 사용자들이 가상 공간에서 실시간으로 상호작용할 수 있도록 설계된 Social VR에 대해 다루고자 한다. Social VR은 단순한 체험을 넘어, 아바타를 통해 서로 마주 보고 대화하거나 공동 활동에 참여하는 등 사회적 상호작용이 중심이 되는 가상 환경을 의미한다. 먼저, Social VR의 개념을 간략히 소개하고, 대표적인 Social VR 플랫폼들이 어떤 기술적 특성과 기능을 갖추고 있는지 살펴본다. 또한 상담 장면에서 Social VR을 활용할 때 기대할 수 있는 장점과 잠재적 가능성, 실제 활용 예시들을 살펴보고 주의해야 할 점에 대해 논의하고자 한다.

1. Social VR이란 무엇인가

Social VR은 VR 기술을 기반으로 사용자들이 동일한 가상 공간에서 실시간으로 상호작용할 수 있도록 설계된 플랫폼을 의미한다. Social VR의 특징은 사용자가 실제 공간에 있는 듯한 몰입감을 느끼며, 아바타를 통해 몸짓, 음성, 시선 등을 활용하여 보다 자연스럽게 다른 사람들과 소통할 수 있다는 점이다. 예를 들어, 기존 2D 기반 화상회의에서는 화면 속 얼굴을 보며 대화하지만, Social VR에서는 같은 가상 공간에서 마치 실제로 만나듯이 상호작용할 수 있다. 현재 대표적인 Social VR 플랫폼으로는 VRChat, Horizon Workrooms(Meta), Engage VR, Rec Room 등이 있으며, 이들 플랫폼은 단순한 커뮤니케이션을 넘어, 협업, 교육, 심리치료 등 다양한 목적으로 활용되고 있다. 구체적으로 각각의 플랫폼을 살펴보면 다음과 같다.

〈표 8-1〉 **대표적인 Social VR 플랫폼**

플랫폼	특징 및 용도
VRChat	• 사용자들이 자유롭게 자신이 원하는 커뮤니티를 형성하고 가상 공간에서 사회적 활동을 할 수 있는 플랫폼 • 다양한 제작 콘텐츠(환경 및 아타바) 제공 • 용도: 가상 커뮤니티 활동, 소셜 네트워킹, 이벤트 개최, 가상 공연 및 놀이

 Horizon Workrooms	• Meta(구 Facebook)가 개발한 가상 회의 및 협업용 Social VR 플랫폼 • 손 트래킹 기능(사용자의 손과 손가락 움직임을 추적하여 자연스러운 제스처를 만들 수 있음) • 가상 화이트보드 제공(가상 환경 내에서 글을 쓰거나 그림을 그릴 수 있음) • 컴퓨터 화면 공유 및 문서 협업 가능 • 용도: 원격 근무, 협업, 회의
 Engage VR	• 교육 및 비즈니스 회의용으로 설계된 플랫폼 • 3D 모델과 미디어 삽입이 가능하여 강의, 교육 콘텐츠 제작에 적합 • 가상교실, 강연장, 기업 연수 공간을 제공 • 용도: 교육 및 원격 강의, 학술대회
 Rec Room	• 소셜 네트워크 기능과 게임 요소가 결합된 플랫폼 • 기본적인 미니게임(페인트볼, 퀘스트, 사격 등)이 포함되어 있고, 사용자들이 직접 게임을 제작할 수 있음 • 용도: VR 게임 및 엔터테인먼트, 친구들과의 가상 공간에서의 놀이 및 협동 게임, 크리에이터가 직접 가상 월드 및 미니게임을 제작하여 공유 가능

국내에서도 다양한 소셜 플랫폼이 개발되고 있다. 대표적인 국내의 플랫폼으로는 이프랜드(ifland), 점프 VR(Jump VR), Studio Realive, Class VR이 있다.

〈표 8-2〉 **국내의 다양한 소셜 플랫폼**

플랫폼	특징 및 용도
 이프랜드(ifland)	 • 개발사: SK 텔레콤 • 특징: 5G 기반의 메타버스 소셜 플랫폼으로, 사용자가 아바타를 통해 가상 공간에서 실시간으로 소통하고 다양한 활동을 즐길 수 있음 • 용도의 예시 – 가상 모임 및 네트워킹: 친구, 동료, 팬들과 가상 공간에서 대화 및 이벤트 진행 – 콘텐츠 창작 및 공유: 크리에이터들이 자신의 공간을 꾸미고 소통 – 기업 및 공공기관 활용: 가상 세미나, 강연, 콘서트 등 다양한 행사 개최 – 교육 및 강의: 대학 및 기업 연수 프로그램에서 교육 및 강의 진행
 점프 VR(Jump VR)	 • 개발사: SK 텔레콤 • 용도의 예시 – VR 기반 실감 콘텐츠 제공: VR 콘서트, 스포츠 경기, 공연 제공 – 가상 공간 내 협업 및 회의: 기업에서 원격 협업을 위한 회의 공간으로 활용 – 360도 영상 및 몰입형 콘텐츠 시청: K-POP, 공연, 스포츠, 여행 관련 VR 콘텐츠 제공 – 대표적으로, K-POP 팬들이 VR을 통해 콘서트를 감상하거나, 스포츠 팬들이 경기장의 VIP 좌석에서 경기를 보는 것처럼 몰입형 경험을 할 수 있음

2. Social VR 기반 상담의 장점

Social VR은 기존의 온라인 커뮤니케이션 방식에 비해 높은 몰입감과 현실감을 제공하며, 가상 공간에서의 활동이 실제 생활로 전이될 가능성이 높다는 점에서 상담 및 심리치료에서도 유용하게 활용될 수 있다. Social VR 기반 상담의 주요 장점을 살펴보면 다음과 같다.

(1) 공간적 · 심리적 거리의 재구성

Social VR은 상담자와 내담자가 동일한 가상 공간(예: 상담실, 공원, 명상 공간)에 함께 존재하는 듯한 경험을 제공한다.

활용 예시

- 해외 거주자, 이동이 어려운 장애인도 3D 가상 상담실에 입장하여 상담자 아바타와 직접 마주 보고 상담받을 수 있다.
- 사회불안이나 대면 공포가 있는 내담자도 아바타로 표현됨으로써 직접적인 눈맞춤 없이 상담 참여가 가능하다.
- 트라우마 생존자가 현실의 방해 자극 없이, 본인의 통제하에 설계된 가상 환경(예: 안전한 숲, 명상 공간)에서 상담을 받을 수 있다.

(2) 심리적 안정감을 촉진하는 상담 환경 제공

Social VR에서는 내담자의 심리적 안정감을 촉진하기 위해 치유적인 환경(예: 해변, 숲속, 명상 공간)을 설정할 수 있다. 이러한 가상 환경은 내담자가 안정적인 상태에서 자신의 문제를 탐색할 수 있도록 돕는다.

활용 예시

- 불안장애를 가진 내담자가 잔잔한 파도 소리가 들리는 해변 공간에서 명상 상담을 받을 수 있다.
- 내담자가 별이 빛나는 조용한 밤하늘을 배경으로 심호흡과 이완 기법을 연습할 수 있다.
- 우울증을 겪는 내담자가 따뜻한 색감의 조명이 있는 공간(예: 따뜻한 벽난로가 있는 서재, 아늑한 거실)에서 상담을 받을 수 있다.
- 내담자가 분노를 건강하게 표현하도록 돕기 위해 가상 복싱 체육관이나 샌드백을 칠 수 있는 환경을 조성한다.

(3) 아바타를 통한 비언어적 표현 전달

Social VR에서는 음성뿐만 아니라 아바타를 통해 제스처, 얼굴 표정, 공간 이동 등의 비언어적 소통을 할 수 있기 때문에 전화 상담이나 채팅 상담에 비해 더 풍부한 상호작용을 할 수 있다.

활용 예시

- 상담자가 내담자의 아바타가 보이는 몸짓, 자세, 움직임 등을 관찰하여 내담자의 심리 상태를 파악할 수 있다.
- 내담자가 아바타를 활용해 자신의 감정을 편하게 표현할 수 있다. 예를 들어, 눈물을 흘리는 애니메이션을 사용하여 슬픔을 표현하거나 기분에 따라 변하는 아바타의 색상을 통해 감정을 시각적으로 전달할 수 있다(예: 파란색-우울, 초록색-편안함, 빨간색-화남). 또한 아바타를 통해 행동으로 감정을 표

현할 수 있도 있는데, 가령, 스트레스를 받은 내담자는 가상 공간에서 '의자를 발로 차는 행동'을 통해 분노를 표현할 수 있다.

- 트라우마 환자가 자신의 얼굴을 노출하지 않고 아바타를 통해 감정을 표현할 수 있다. 특히 말로 표현하기 어려운 감정의 경우, 아바타의 표정을 조정하거나 움직임을 바꾸는 방식으로 감정을 전달할 수 있다.

(4) 사회불안장애 치료

Social VR은 사회불안장애 치료를 위해 사회적 상호작용을 연습할 수 있는 안전한 환경을 제공한다.

활용 예시

- 소심한 내담자가 VR 내에서 점진적으로 사회적 상호작용을 연습할 수 있다. 초기에는 혼자 가상 공간을 탐색하며 환경에 익숙해진 후, 소규모 그룹에 참여하여 타인과 간단한 대화를 나누는 과제를 수행하고, 점진적으로, 대규모 가상 회의나 행사에 참여하며 대인관계 기술을 연습할 수 있다.
- 면접 및 발표 불안: 내담자가 가상 공간에서 채용 면접이나 발표 불안 연습을 하며 긴장을 완화시킬 수 있다.

(5) 역할극 적용 가능

Social VR 내에서는 가상 인물과의 상호작용을 통해 갈등 해결 연습, 의사소통 기술 향상 등의 역할극을 수행할 수 있다. 특히 내담자는 실전과 유사한 환경에서 반복적인 훈련을 통해 불안 반응을 조절하고, 다양한 사회적 기술을 학습할 수 있다. 역할극은 대인관계 훈련, 감정 조절, 스트레스 관리 등 여러 심리상담 분야에서 효과적으로 활용될 수 있다.

활용 예시

- 대인관계 훈련: 직장에서의 어려운 대화(예: 상사와의 면담, 고객과의 협상)를 가상 환경에서 미리 연습할 수 있다.
- 갈등 해결 연습: 부부 상담에서 상대방의 역할을 연기하며 서로에 대한 이해를 높이고 갈등에 대처하는 방법을 배울 수 있다.
- 감정 조절 훈련: 비폭력적 대화를 연습하거나 붐비는 지하철이나 대중교통 내에서 발생할 수 있는 예기치 않은 스트레스 상황에 감정을 조절하는 연습을 할 수 있다.

(6) 가족 상담 및 집단 상담 가능

Social VR은 여러 사용자가 한 공간에서 동시에 상호작용할 수 있어 가족 상담이나 집단 상담에 적합하다. 기존의 온라인 상담에서는 주로 일대일 상담이 진행되지만, Social VR에서는 집단 내에서 감정을 공유하고 상호 지지하는 경험이 가능하다.

가족 상담의 활용 예시

- 자녀가 가상 공간에서 부모의 입장이 되어 역할극을 수행하며 부모를 이해하는 기회를 가질 수 있다.
- 부모와 자녀가 가상 공간에서 공동 과제나 미니 게임에 참여하면서 대화를 나누고 관계를 개선할 수 있는 시간을 가질 수 있다.

집단 상담의 활용 예시

- 사회불안장애 환자들이 가상 공간에서 의사소통 기술을 연습할 수 있다.

- 트라우마 생존자들이 서로의 경험을 나누며 지지받는 커뮤니티를 형성할 수 있다.

(7) 개인정보 보호 및 익명성 유지

Social VR에서는 내담자가 아바타를 통해 상담에 참여할 수 있어 익명성이 보장된다. 이는 상담을 망설이는 사람들에게 특히 장점이 될 수 있다.

활용 예시

- 심리적인 문제가 있지만 상담을 부담스러워하는 사람들이 익명성을 유지한 채 상담을 받을 수 있다.
- 성소수자, 트라우마 생존자 등 자신의 정체성을 드러내기 어려운 내담자들이 마음 편하게 상담을 받을 수 있다.

3. Social VR 기반 상담 시 유의 사항

Social VR은 가상 공간에서 아바타를 통해 상담자와 내담자가 상호작용할 수 있도록 하여 비대면 상담의 새로운 가능성을 제시한다. 특히 거리와 환경의 제약 없이 상담을 진행할 수 있다는 점에서 주목받고 있다. 그러나 효과적인 상담이 이루어지기 위해서는 Social VR의 특성과 한계를 충분히 이해하고 신중하게 활용해야 한다.

(1) 익명성과 신뢰 형성

Social VR에서는 내담자가 아바타를 사용하기 때문에 익명성이 강화된다. 이는 내담자가 자신의 감정을 자유롭게 표현하도록 돕는 장점이 있지만, 상담자와의 신뢰 형성을 어렵게 만들 수도 있다. 따라서 상담자는 상담 초기 단계에서 내담자가 가상 환경에서도 심리적 안전감을 느낄 수 있도록 라포 형성에 더욱 신경을 써야 한다.

(2) 비언어적 의사소통의 한계

대면 상담에서는 표정, 몸짓, 시선 등의 비언어적 단서가 중요한 역할을 하지만, Social VR에서는 이러한 단서가 제한적이거나 왜곡될 수 있다. 예를 들어, 플랫폼에 따라 아바타의 표정 변화가 제한적이거나, 음성 전달 방식이 감정을 충분히 반영하지 못할 수 있다. 따라서 상담자는 아바타의 움직임, 내담자의 음성 변화(톤, 속도), 언어적 표현 등을 세심하게 관찰하고 해석할 필요가 있다. 또한 의사소통의 오류를 줄이기 위해, 내담자의 감정 상태를 확인하는 질문을 하거나(예: "지금 말씀하신 내용에서 걱정이 많아 보이는데, 맞나요?") 구체적인 피드백을 제공하는 것이 중요하다. 예를 들어, "말씀을 들어보니 많이 답답하고 속상하셨을 것 같아요." "지금 말씀하신 내용을 정리해 보면, ○○ 때문에 힘들어하고 계신 거네요. 제가 제대로 이해한게 맞을까요?" "조금 더 자세히 이야기해 주시면 도움이 될 것 같아요." 등이 있다.

(3) 기술적 문제와 접근성

인터넷 속도, 장비 성능, 플랫폼 호환성 등의 기술적 요소가 상담의 원활한 진행을 방해할 수 있다. 연결이 갑작스럽게 끊기거나 그래픽 지연이 발생하면 상담이 중단될 위험이 있다. 따라서 상담 초기에 내담자에게 사용 중인 기기나 네트워크 환경을 사전에 점검하고, 기술적 문제에 대한 대처 방안을 안내하는 것이 중요하다. 예를 들어, "만약 연결이 끊기면 5분 후에 다시 접속을 시도하고, 재접속이 어렵다면 지정된 연락 방법을 통해 상담을 이어가겠습니다."와 같은 대안을 미리 제시하면 예상치 못한 기술적 문제에도 상담의 흐름을 유지할 수 있다. 또한 상담자는 기술적 문제에 대비해 대체 소통 방법(예: 채팅, 전화)을 마련하여, 갑작스러운 장애가 발생하더라도 상담이 지속될 수 있도록 해야 한다.

(4) 공간적 프라이버시 확보

Social VR 상담에서는 외부 개입의 가능성을 더욱 신중하게 고려해야 한다. 가상 공간에서는 대면 상담과 달리 문을 닫거나 독립된 공간을 물리적으로 확보할 수 없기 때문에, 플랫폼의 보안 설정과 기능을 활용한 프라이버시 보호 조치가 필수적이다. 먼저, 무단 접근을 방지하기 위해 비공개 상담 공간을 설정하고, 초대받은 사람만 입장할 수 있도록 접속 권한을 제한해야 한다. 일부 플랫폼에서는 공개된 공간에서 대화가 이루어질 경우, 가까운 거리에서 다른 이용자들이 대화를 엿들을 수 있는 문제가 발생할 수 있다. 상담자는 내담자에게 안전하고 조용한 환경에서 상담을 진행하도록 안내하고, 필요시 헤드셋 사용을 권장하는 것도 도움이 될 수 있다. 또한 상담 중 새로운 참가자가 무단으로 대화에 개입하는 것을 방지하기 위해 방을 잠그는 기능을 활용해야 한다. 일부 Social VR 플랫폼에서는 참가자가 특정 방으로 자유롭게 이동할 수 있어, 초대받지 않은 사람이 실수로 상담 공간에 진입할 가능성이 있다. 이러한 문제를 예방하기 위해, 상담자는 회기를 시작하기 전에 보안 설정을 확인하고, 대화 내용 암호화 기능이 지원되는 경우 이를 활용할 필요가 있다. 마지막으로, 화면 녹화 및 채팅 기록 저장 기능을 비활성화하여 상담 내용이 저장되지 않도록 해야 한다.

(5) 현실과 가상의 경계 관리

- Social VR 상담에서는 내담자가 가상 환경에 과몰입하거나 현실과의 경계를 혼동할 위험이 있다. 따라서 정서적으로 민감한 주제를 다룰 경우, 상담이 종료된 후에도 내담자가 심리적으로 안정된 상태인지 확인하는 것이 중요하다. 이를 위해, 상담자는 회기 종료 전에 현실로 돌아오는 전환 과정(예: 호흡 조절, 감정 정리 시간)을 마련하고 내담자와 상담에서 다룬 내용을 현실에서 어떻게 적용할 수 있을지 구체적으로 논의해야 한다. 또한 내담자가 상담 후 VR과 현실 간의 경계를 명확히 인식할 수 있도록 회기 종료 후 간단한 현실 인식 질문을 하거나, 상담 내용을 요약하여 제공해야 한다.
- VR에서의 경험이 현실에도 긍정적으로 이어질 수 있도록, 현실 상황과 연계된 숙제나 적용 가능한 행동 계획을 제안할 필요가 있다. 예를 들어, 사회불안이 있는 내담자가 Social VR에서 대인관계 연습을 했다면, 현실에서도 소규모 모임에 참여하거나 구체적인 사회적 상호작용(예: 일주일에 한 번 새로운 사람에게 인사하기)을 실천하도록 격려할 수 있다. 또한 감정 조절이 어려운 내담자의 경우, VR에서 배운 이완 기법을 현실에서도 적용할 수 있도록 매일 일정한 시간에 호흡 운동을 하거나 감정 일기를 작성하도록 개입할 수 있다. 이러한 방법을 통해 VR 상담

의 효과를 현실에서도 지속적으로 유지할 수 있도록 돕는 것이 중요하다.

(6) 윤리적 고려 사항

Social VR에서 상담을 진행할 때는 기존의 대면 상담 윤리 원칙을 적용하면서도 새로운 윤리적 문제를 고려해야 한다. 예를 들어, 아바타를 통한 신원 위장 가능성, 가상 공간 내 부적절한 행동, 상담 기록 보관 방식 등에 대한 명확한 가이드라인이 필요하다. 또한 VR 환경에서 위기가 발생했을 때 신속히 대처할 수 있는 대응 방안을 마련해야 한다. 자세한 내용은 제10장 2절의 VR 상담의 윤리적 고려 사항을 참고하면 된다.

4. Social VR 기반 상담 사례

집단 상담 Social VR	
Engage VR 플랫폼을 활용하여 대인관계 문제를 호소하는 대학생을 대상으로 집단 상담을 진행하였다. 집단 상담은 총 3회기로 진행되었고, 특정한 활동이나 목표를 두지 않은 비구조화 집단으로 진행되었다.	

□ 연구 진행 과정

구체적으로, 다음과 같은 절차로 집단 상담을 실시하였다.

1. 내담자에게 Engage VR 플랫폼에 회원 가입을 한 후, 자신의 특성을 반영한 아바타를 만들도록 하였다.
2. 미리 준비한 가상 상담 공간에 내담자들을 초대하였다. Engage VR에서는 다양한 공간을 선택할 수 있었는데, 대인관계 문제를 호소하는 대학생들이 참여하는 집단이라는 점을 고려하여, 1회기에는 어두운 캠프파이어 공간을 선정하였다. 내담자들은 정해진 시간에 자신의 아바타를 통해 초대된 방에 입장하였다.
3. 내담자들은 아바타를 통해 집단 상담에 참여했기 때문에 서로의 이름이나 얼굴을 알지 못했으며, 상담 종결까지 익명성이 유지되었다. 상담 초반, 내담자들은 자신의 아바타와 닉네임을 소개하며 자신의 고민을 공유하였다.
4. 2회기에서는 1회기보다 밝은 분위기의 가상의 숲속 공원에서 상담이 진행되었고, 3회기에서는 가상의 조용한 카페에서 상담이 이루어졌다.

□ 연구 결과

상담 종결 후, 내담자들의 경험을 탐색한 결과, 현실에서는 타인의 표정이나 반응을 의식하며 솔직한 감정 표현이 어려웠던 반면, VR에서는 이러한 부담이 줄어들어 더욱 개방적으로 이야기할 수 있었다는 공통된 의견이 나타났다. 특히 아바타 기반의 상호작용 덕분에 남의 시선을 덜 신경쓰게 되었고, 편안하게 자신의 감정을 공유할 수 있었다고 보고하였다. 또한 일부 내담자들은 VR 공간에서 상담에 참여하는 동안 실제 같은 공간에 함께 있는 듯한 느낌을 받았으며, 이로 인해 더욱 자연스럽게 소통하고 감정 표현을 할 수 있었다고 밝혔다. 이전에 대면 방식의 집단 상담을 경험한 3명의 내담자들은 당시 위축감을 느끼고 불편감을 경험했는데, 이번에는 적극적으로 참여할 수 있었다고 밝혔다. 일부 내담자는 상담 후에도 Engage VR 내에서 관계를 지속하고 싶다는 의사를 표명하였다. 이는 VR 기반 상담이 단기적인 개입을 넘어, 장기적인 관계 형성에도 긍정적인 영향을 미칠 수 있음을 시사한다.

한편, 몇몇 내담자들은 VR 상담의 한계점에 대해서도 언급하였다. 특히 HMD를 장시간 착용하는 것이 불편하였고, 아바타를 통한 의사소통이 대면 상담보다 감정의 미묘한 표현을 전달하는 데 한계가 있다고 느꼈다고 보고하였다. 또한 기술적 문제(예: 네트워크 지연, 음성 끊김 등)로 인해 상담 흐름이 원활하지 않았다고 말하였다. 이러한 점들은 Social VR 상담이 더욱 효과적으로 활용되기 위해 해결해야 할 과제로 보인다.

발표용 Social VR

▫ 연구 진행 과정

발표 불안을 연습할 수 있는 Social VR 플랫폼을 개발하여, 발표 효능감이 낮은 대학생들을 대상으로 발표 연습을 진행하였다. 연구 목적상 특별한 상담 개입 없이 진행되었으며, 가상 환경은 강의실로 설정되었다. 청중으로는 약 10명이 배치되었고, 이 중 2명은 연구 보조원의 아바타, 나머지는 가상 인물이었다. 연구 보조원들은 발표가 끝난 후 질문을 하는 역할을 맡아, 참가자들이 발표뿐만 아니라 질문에 답하는 연습도 할 수 있도록 하였다.

[참가자의 시각]

[청중의 시각]

▫ 연구 결과

참가자들의 발표에 대한 자기효능감이 사전에 비해 사후에 유의하게 향상된 것으로 나타났다. 참가자는 "VR을 활용한 발표 연습이 반복될수록 자신감이 생겼다." "실제 청중 앞에서 연습하는 것보다 부담이 적어 편하게 발표할 수 있었다."와 같은 긍정적인 소감을 남겼다. 반면, 몇몇 참가자는 "가상 청중의 반응이 다소 일률적이어서 실제 발표 상황과는 다르게 느껴졌다."는 의견을 제시하였다.

이러한 발표용 Social VR를 상담에서 활용할 경우, 상담자가 청중 역할을 맡아 질문을 하거나 피드백을 제공하는 방식으로 진행할 수 있다. 상담자는 발표자의 불안 수준과 반응을 관찰하며, 발표 후 긍정적인 피드백과 발표 불안을 줄일 수 있는 구체적인 조언을 제공할 수 있다. 또한 발표 중 참가자가 겪는 심리적 어려움을 실시간으로 파악하여, 발표 후에 탐색할 수 있다. 예를 들어, 발표 도중 과도한 긴장으로 인해 목소리가 떨리거나 시선을 피하는 경우, 이에 대한 자기인식을 높이고 대처 전략을 모색할 수 있다. 더 나아가, 점진적 노출 기법을 적용하여 발표 환경의 난이도를 조절할 수 있다. 초기 단계에서는 소수의 가상 청중을 배치하고, 이후 점진적으로 청중의 수를 늘리거나, 발표 후 질문의 난이도를 조정하는 방식으로 점진적 노출을 진행할 수 있다.

사회적 스트레스 VR

ㅁ 연구 진행 과정

사회적 스트레스를 유발하는 Social VR 플랫폼을 개발하여, 대학생들에게 두 가지 과제를 수행하도록 하였다. 첫 번째 과제는 면접 상황에서 자신의 강점을 소개하는 과제였고, 두 번째 과제는 2024에서 7을 반복적으로 빼는 연산 과제였다. 연구팀은 가상 환경을 면접실 또는 회의실로 설정하여, 실제 사회적 평가 상황과 유사한 환경을 조성하였다. 실험 동안 5명의 아바타가 배치되었고, 이 중 1명은 연구 보조원의 아바타였고, 나머지는 가상 인물이었다. 연구 보조원은 면접 과제 수행 중 참가자가 강점을 지속적으로 이야기하도록 유도하였고, 연산 과제에서는 참가자가 실수를 하면 처음부터 다시 시작하도록 지시하는 등의 피드백을 제공하였다.

[첫 번째 과제]

[두 번째 과제]

ㅁ 연구 결과

참가자들은 실험 후 스트레스와 불안 수준이 사전에 비해 유의하게 증가한 것으로 나타났다. 이러한 결과는 본 연구에서 개발한 Social VR 플랫폼이 사회적 스트레스를 효과적으로 유발할 수 있음을 시사한다. 즉, 가상 환경에서의 면접 및 연산 과제가 실제 사회적 평가 상황에서 경험하는 심리적 압박감을 재현할 수 있음을 의미한다.

이러한 사회적 스트레스 Social VR은 상담에서 내담자의 불안을 다루고 사회적 기술을 향상시키는 데 활용될 수 있다. 예를 들어, 상담자가 가상 면접관이 되어 내담자가 어려움을 느낄 수 있는 질문을 하는 면접 및 발표 불안 극복 훈련을 진행할 수 있으며, 이 과정에서 즉각적인 피드백을 제공하고 긴장 완화 기술을 적용하도록 격려할 수 있다. 또한 가상의 팀 토론이나 사회적 평가 상황을 경험하게 하여 내담자가 불안 속에서도 자기 표현을 연습하고 부정적인 피드백을 수용하는 능력을 키울 수 있도록 도울 수 있다. 더불어, 인지 재구성 훈련을 통해 부정적인 사고를 현실적인 시각으로 전환하는 연습을 하게 할 수도 있다.

제9장

VR 상담의 발전 가능성과 새로운 패러다임

VR은 이제 보조 도구를 넘어 심리상담의 접근 방식과 구조 자체를 바꾸는 새로운 흐름으로 자리 잡고 있다. 최근에는 AI, 생체 신호 측정 기술, 원격 접속 기술 등 다양한 디지털 기술과 결합되면서 VR이 상담 분야에서 활용되는 범위도 점차 넓어지고 있다. 초기에는 주로 공황장애나 불안장애에 대한 노출 치료처럼 비교적 한정된 영역에서 사용되었지만, 점차 정서 조절, 자기 이해, 심리적 성장 등 보다 복합적인 목표를 위한 개입으로 발전하고 있다. 또한 몰입형 VR 기술과 생체 신호를 추적하는 센서, 통신 기술이 발달하면서 방대한 행동 데이터를 실시간으로 수집하고 분석하는 것이 가능해지고 있다. 이러한 변화는 심리치료뿐 아니라 심리검사의 방식에도 큰 변화를 가져올 것으로 예상된다. 특히 VR 기반의 상황 시나리오는 사용자가 가상 상황을 실시간으로 경험하게 하고, 그에 대한 행동과 정서 반응을 즉각적으로 수집할 수 있어 특정 상황에서의 심리적 특성을 평가하는 데 유용하다. 가상 환경 속 다양한 감각 자극에 대한 생체 반응과 행동 데이터를 기반으로 내담자의 심리 상태를 보다 정교하게 파악할 수 있으며, 이를 바탕으로 보다 개인 맞춤형 심리치료가 가능해진다.

이 장에서는 이러한 변화를 이끄는 두 가지 흐름에 주목하고자 한다. 첫 번째는 AI 기반 VR 상담으로, 상담 과정에서 피드백을 제공하거나 상담자의 개입을 보조하는 형태로 활용될 수 있다. 두 번째는 확장현실(Extended Reality, 이하 XR) 기술을 활용한 상담 환경의 변화이다. XR은 VR, AR, MR을 모두 포함하며, 앞으로 상담이 이루어지는 공간과 상호작용 방식을 더욱 유연하고 몰입감 있게 바꿔 나갈 기술로 기대되고 있다.

1. AI 기반 VR 상담

VR과 AI는 최근 갑작스럽게 등장한 신기술이 아니다. VR은 1960년대 초 '센소라마(Sensorama)'나 '다모클레스의 검(Sword of Damocles)'과 같은 장치를 통해 이미 구현된 바 있으며, AI 역시 1950년대부터 연구가 시작된 기술이다. 하지만 이 기술들은 오랜 시간 동안 컴퓨팅 성능과 데이터 처리 능력의 한계로 인해 활용 범위가 제한적이었다. 오늘날 이 두 기술이 동시에 주목받고 있는 이유는 GPU(그래픽 처리 장치)의 비약적인 발전, 클라우드 컴퓨팅 환경의 보편화, 그리고 대규모 데이터 수집과 처리 기술의 진보 덕분이다. 이제는 VR 콘텐츠의 정밀한 실시간 렌더링이 가능해졌고, AI 역시 충분한 데이터를 기반으로 다양한 예측과 반응을 수행할 수 있게 되었다. 그 결과, VR은 게임과 교육, 심리치료와 같은 분야에서, AI는 자동화, 자율주행, 자연어 처리 등에서 빠르게 활용 영역을 넓혀 가고 있다. 이러한 변화는 심리상담 분야에도 새로운 가능성을 제시한다. 특히 AI와 VR의 융합은 상담자가 내담자의 심리 상태를 더 정밀하게 파악하거나, 내담자가 보다 몰입감 있게 자신의 문제를 탐색할 수 있도록 지원하는 방식으로 활용될 수 있다.

AI는 인간의 뇌 신경망을 모방한 기술로, 인간처럼 추론하고 해석하는 기능을 수행하는 시스템이다. 최근에는 챗봇 형태로 구현되어 사람과 자연스럽게 대화하며, 마치 만물박사처럼 다양한 질문에 답변을 제공할 수 있는 인터페이스로 발전하고 있다. AI가 이러한 기능을 수행할 수 있는 핵심적인 이유는 대량의 데이터를 빠르게 처리하고 분석하는 능력에 있다. AI는 주어진 데이터 속에서 패턴을 학습하고, 그에 따라 적절한 답변이나 판단을 내린다. 특히 역전파법(backpropagation)은 신경망의 오차를 출력층에서 입력층 방향으로 전파해 각 가중치의 기울기를 정확히 계산할 수 있게하여 복잡한 모델을 효과적으로 학습시켜 AI가 더 정교한 판단을 내릴 수 있도록 돕는다. 이러한 학습 구조는 의료, 교육, 법률, 상담 등 다양한 분야에서 지식 서비스를 제공하는 데 유용하게 활용되고 있다.

AI 기반 상담 시스템이 이미 법률 분야에서 변호사의 역할을 일부 대체하거나 보조하는 사례처럼, 심리상담 분야에서도 전문 지식을 학습한 AI가 상담자의 역할 일부를 지원할 수 있다. 예를 들어, 챗봇 인터페이스를 통해 내담자와의 초기 면담을 자동으로 진행하거나, 인터랙티브한 상담 환경을 구축하여 상담 초기 단계를 보조하는 방식으로 활용될 수 있다. 다만 AI 상담에는 분명한 한계와 위험 요소도 존재한다. 실제로 미국에서는 AI 챗봇의 응답에 의존하던 청소년이 극단적 선택을 한 사건이 발생하면서, 개발사를 상대로 소송이 제기된 사례도 보고되었다. 이러한 사건은 AI 기반 상담에서 윤리적 책임, 위험 관리, 법적 책임 문제에 대한 보다 신중한 논의가 필요함을 시사한다.

상담 지식을 학습한 AI가 상담자의 역할을 일정 부분 대신할 수 있다면, 이를 챗봇 인터페이스에 음성 기능을 결합하거나 디지털 휴먼에 음성 합성 기술을 적용하여 보다 자연스러운 상담 인터페이스로 발전시키는 것도 가능하다. 그러나 심리상담은 단순히 지식이나 정보를 전달하는 것만으로 충분하지 않은 영역이다. 상담에서는 "내가 당신의 말을 경청하고 있고, 당신의 고통을 이해하며, 함께 이 어려움을 넘어가고자 한다."는 무형의 신호와 정서적 교감, 그리고 상담자의 경험적 직관이 중요한 역할을 한다.

이 책에서 다루는 VR 상담 역시 심리상담의 과정에서 VR 기술을 보조적으로 활용하는 접근을 취하고 있다. 여기에 AI 기술을 접목할 때에는, 단순히 상담 지식을 답변 형태로 제공하는 방식보다는, 상담사의 외형을 갖춘 가상 인간이 몰입과 현존감을 활용하여 상황 재현과 롤플레이를 지원하고, 내담자의 반응 데이터를 추적하고 수집하여 보다 개인화된 심리상담용 언어 모델을 구축하는 방식이 보다 바람직할 것이다.

2. XR과 상담의 미래

VR을 활용한 상담의 핵심은 단순히 기기를 착용하는 것이 아니라, 사용자가 가상 공간을 실제로 존재하는 장소처럼 느끼는 경험, 즉 현존감을 얼마나 강하게 느끼는가이다. 현존감은 크게 두 가지 요소에서 비롯된다. 첫째는 공간 착시(place illusion)이다. 이는 내담자가 HMD를 착용하고 컨트롤러를 손에 쥔 채 가상 공간을 탐색하며 실제로 그 안에 '있는 듯한 느낌'을 받는 것이다. 둘째는 현실성에 대한 개연성(plausibility)으로, 가상 공간에서 벌어지는 상황이 가짜라는 것을 알지만 심리적으로는 실제처럼 받아들이게 되는 반응을 의미한다(Slater et al., 2022). 예를 들어, VR 속에서 높은 빌딩 옥상에 서 있을 때, 실제로는 안전한 방 안에 있다는 걸 알면서도 무의식적으로 몸이 움츠러드는 반응이 바로 그것이다. 이와 같은 현존감은

VR 기술에만 국한되지 않는다. 현실 공간 위에 디지털 정보를 덧붙이는 AR, 현실과 가상 환경을 결합한 MR도 현존감을 유도할 수 있다. 최근에는 이 모든 기술을 아우르는 개념으로 XR이라는 용어가 사용되고 있다.

AR은 인공위성으로부터 수신된 위치 좌표를 활용하거나, 카메라로 입력된 좌표 정보를 바탕으로 공간을 인식하고, 경우에 따라 LiDAR(라이다) 센서를 이용해 현실 객체와의 거리를 정밀하게 측정함으로써 현실 세계 위에 텍스트나 그래픽 정보를 실시간으로 중첩시키는 기술이다. 고가의 AR 기기로는 마이크로소프트의 '홀로렌즈(HoloLens)'와 같은 산업용 헤드셋이 있으며, 의료 시뮬레이션, 군사 훈련, 제조업 교육 등 다양한 전문 분야에서 활용되고 있다. 또한 안경 형태의 AR 글래스(glasses)는 시각 정보를 실시간으로 제공하며 산업 현장의 작업 지원이나 업무 효율성을 높이는 데 활용된다. 최근에는 보다 경량화된 디자인으로 일반 사용자를 대상으로 하는 보급형 제품도 개발되고 있다. 예를 들어, 창고 관리, 유통, 원격 기술 지원 등의 현장에서는 AR 글래스를 통해 실시간 시각 정보를 제공하며 작업의 정확성과 속도를 높이는 데 기여하고 있다(Piccialli et al., 2023).

보다 저렴하게 보급된 스마트 디바이스를 활용하면 다양한 AR 기반 애플리케이션을 손쉽게 개발하고 적용할 수 있다. 가령, 미술치료에서는 내담자의 그림을 현실 공간에 증강시켜 몰입감을 높이고 자기 표현을 촉진할 수 있다. AR 기반 미술 앱인 Tilt Brush는 내담자가 3D 공간에 자신의 감정을 시각화하여, 자기 이해 및 감정을 표현하도록 돕는 데 효과적으로 사용될 수 있다(Bailey et al., 2020). 또한 특정 대상에 대한 공포를 치료하기 위한 노출 기반 치료에서, 스마트폰 화면에 증강된 자극을 활용하는 AR phobia app들은 실제 임상연구를 통해 불안 감소 효과가 입증된 바 있다(Chirico et al., 2022).

MR 기술은 AR과 VR의 장점을 결합한 기술로, 심리치료 영역에서도 다양하게 응용될 수 있을 것으로 보인다. MR 환경에서는 사용자가 VR 기기를 착용한 상태에서도 실제 공간을 인지하면서 동시에 가상 객체와 실시간으로 상호작용할 수 있다. 이는 몰입감 높은 치료 경험을 제공하는 동시에, 실제 환경에서의 물리적 위험을 최소화하여 보다 안전한 치료 개입을 가능하게 한다. 한 예로, BehaVR 플랫폼은 MR 기술을 기반으로 만성통증 및 불안 환자들에게 인지행동치료 콘텐츠를 제공하고 있으며, 미국 내 의료기관과의 협력하에 그 효과성이 밝혀지고 있다(Benham et al., 2021). 또한 Microsoft Dynamics 365 Guides는 심리적 트라우마를 가진 환자들의 작업 불안과 스트레스를 줄이는 시뮬레이션 훈련에 사용되며, 점차 심리적 재활 영역으로 확대 적용되고 있다(Microsoft, 2022).

이 책에 작성되어 있는 기술들은 먼 미래의 이야기가 아니라 이미 우리 눈앞에 도달해 있는 기술들이다. 그리고 심리상담은 이러한 기술을 단순한 오락적 도구가 아니라 내담자의 변화와 회복을 촉진하는 매개체로 가장 효과적으로 활용할 수 있는 분야이다. 이미 우리는 스마트 미디어의 발전을 통해, 예전에는 TV나 영화관에서만 보던 영상 콘텐츠를 손안의 모바일 기기로 언제 어디서든 감상할 수 있게 되었다. 이처럼 기술은 개인 맞춤형, 이동 중심, 실시간 반응 중심으로 변화하고 있으며, 광대역 통신망과 소셜 네트워크 서비스(SNS)의 발달은 이러한 변화를 더욱 가속화시키고 있다. XR 기술도 마찬가지이다. 원격진료, 실시간 회의, 온라인 집단 상담 등 기존의 대면 환경에서만 가능했던 일들이 이제는 온라인상에서도 자연스럽게 구현되고 있으며, 실감형 미디어와의 융합은 공간과 시간의 제약을 넘어선 새로운 상담 방식을 가능하게 하고 있다. 물론 이러한 기술의 도입은 각 나라의 규제, 문화적 인식, 제도적 수용성에 따라 그 시기와 방식에 차이가 있을 수 있다.

심리상담은 '마음'과 '정신'이라는 눈에 보이지 않는 영역을 다루기 때문에 지금까지는 상담자의 경험과 직관, 그리고 섬세한 관찰 능력이 매우 중요하고 유일한 도구였다. 마음의 어려움은 외상처럼 쉽게 드러나지 않으며, 내시경으로 확인할 수 없다. 따라서 내담자의 표정, 언어, 움직임, 반응 등을 상담자가 얼마나 정교하게 포착하고 해석하느냐가 상담의 핵심이었다. 하지만 이제는 기술이 내담자의 정서적 반응과 심리 상태를 상담자가 보다 정밀하게 이해하고 해석하는 데 도움을 주는 시대가 열리고 있다. XR 기술은 내담자의 반응을 시각적, 생리적, 행동적 차원에서 구체적이고 객관적으로 기록하고 분석할 수 있게 해 준다. 앞으로의 상담자는 내담자가 토로하는 자기보고에 의존하지 않고, 기술을 통해 수집된 다양한 정보를 바탕으로 보다 정교한 상담 개입을 시도할 수 있을 것이다. 이제 실감 기술은 더 이상 낯설고 특별한 것이 아니라, 상담자의 경험과 전문성을 보완하는 하나의 도구가 되어, 더 많은 사람이 보다 빠른 시기에 심리적 지원을 받을 수 있도록 돕고 있다. 상담의 미래는 기술과 사람의 전문성이 서로 경쟁하는 것이 아니라, 자연스럽게 어우러져 상호 보완하는 방식으로 발전할 것이다.

제10장

가상현실 기반 상담의 윤리적 고려 사항

VR 상담은 많은 치료적 이점을 제공하며 향후 활용 가능성이 높은 상담 형태로 주목받고 있다. 특히 실재감, 현존감과 같은 VR 기술이 지닌 특성은 치료적 노출을 보다 용이하게 하여 기존 대면 상담에서 내담자의 역량에 크게 의존하던 문제를 일정 부분 보완할 수 있다는 점에서 임상적 활용도가 높다. 그럼에도 불구하고 현재 VR 상담 도입률은 3%에 불과하여 여전히 많은 치료자들이 도입에 주저하고 있는 실정이다. 이러한 치료자의 저항감을 완화하기 위해서는 VR 상담의 효과성 뿐만 아니라 안정성을 확인하는 과정이 필수적이다. 즉, VR 상담의 보편적 확산을 위해서는 상담 과정에서 고려해야 할 윤리적 쟁점을 면밀히 검토하고, 이에 대한 체계적인 대응 전략이 마련되어야 할 것이다. 이 장에서는 VR 상담 도입할 때 치료자가 인지하고 있어야 할 주요 윤리적 고려 사항에 대하여 살펴본다. 이를 위해 치료자의 역량을 비롯하여 기술적, 임상적, 전문가, 내담자, 시스템적 측면에서의 윤리적 고려 사항을 다각도로 고찰하고자 한다.

1. VR 상담의 상담자 역량

상담자의 상담 역량(competence)은 윤리적인 상담 실무에서 가장 기본이 되는 핵심 요소이다. 상담 역량은 일반적으로 지식(knowledge), 기술(skills), 태도(attitude)라는 세 가지 요소로 구성되며, 상담자는 지속적으로 새로운 지식과 기술을 습득하고, 치료적 효과를 확인하기 위한 노력을 기울여야 한다(Welfel, 2020). 이러한 역량은 빠르게 변화하는 상담 환경 속에서도 효과적인 치료 개입과 적절한 윤리적 판단을 가능하게 한다.

특히 코로나19 팬데믹 이후 상담 현장에 디지털 상담이 활발히 도입되면서, 기존의 상담 역량과 윤리 규정만으로는 충분하지 않다는 지적이 제기되었다(이윤희, 김경민, 이상민, 2021). 이에 따라 몇몇 국가의 상담 관련 협회들은 디지털 환경에 적합한 상담 윤리와 역량을 새롭게 제안하였다. 가장 대표적인 사례로는 미국심리학회(American Psychology Association: APA)가 2024년 8월에 발표한 '원격 심리 실천 가이드라인 개정안(Proposed Revision of Guidelines for the Practice of Telepsychology; APA, 2024)'이다. 이 문서는 상담자의 역량뿐 아니라 디지털 상담에서 고려해야 할 다양한 요소들을 포괄적으로 다루고 있다. 해당 가이드라인은 '상담자 역량' '윤리적 · 법적 · 행정적 고려 사항' '치료적 고려 사항' '교육 · 훈련 · 수퍼비전'의 네 가지 영역으로 구성되어 있으며, 각 영역별 세부 주제를 포함한 총 11개의 가이드라인을 제시하고 있다.

이 가운데 '심리학자의 역량(competence of psychologist)'은 윤리

적인 상담 수행에 있어 핵심적인 요소로, 내용 역량, 기술 역량, 특정 대상 역량 등 세 가지 측면이 강조된다. 먼저, 내용 역량(content competence)은 사용하는 기술 매체에 적합한 내담자의 특성을 파악하고, 비대면 환경에서 진단·평가 개입의 차이를 이해하며, 사전 동의, 법적 책임, 안전 계획 등과 같은 윤리적 쟁점에 대한 이해를 포함한다. 기술 역량(technology competence)은 상담자가 사용하는 기술의 기능과 보안 체계에 대한 충분한 이해를 바탕으로, 데이터 암호화나 기술적 문제 발생 시 적절히 대응할 수 있어야 함을 의미한다. 마지막으로 특정 대상 역량(population-specific competence)은 연령, 문화, 언어, 인지 능력, 장애 등 대상자의 특성에 맞게 상담을 조정할 수 있어야 하며, 학교나 기업 등 특정 환경에서 기술을 도입할 때도 적절성을 충분히 평가할 수 있어야 한다는 내용을 포함한다. 이처럼 디지털 상담 환경에서 상담자는 기술 도입에 앞서 이러한 세 가지 치료자 역량을 갖추기 위해 노력해야 하며, 가이드라인 11 '새로운 기술(emerging technologies)'에서 언급된 바와 같이, 앞으로 새롭게 등장하는 기술을 활용한 때에도 윤리적 기준이 지속적으로 개발되어야 한다.

〈표 10-1〉 원격 심리 실천 가이드라인 개정안

항목 번호	제목	주요 내용 요약
상담자의 역량(Psychologist Competence)		
Guideline 1	심리학자의 역량 (competence of the psychologist)	상담자는 디지털 상담에서 세 가지 역량(내용 역량, 기술 역량, 대상 역량)을 갖추어야 하며, 지속적인 훈련을 통해 역량을 강화해야 함
윤리적, 법적, 행정적 고려 사항 (Ethical, Legal, and Administrative considerations)		
Guideline 2	사전 동의 (informed consent)	원격 상담의 특수성을 고려하여 사전에 충분한 동의를 받아야 하며, 서비스의 성격, 기술적 한계, 응급상황 발생 시 대처 방안 등을 포함해야 함
Guideline 3	데이터 보안 및 전송 (data security, management, and transmission)	해킹, 오용, 제3자 공유 등 기술적 보안 위협에 대비하여 암호화, 접근 제어, 백업 시스템 등의 안전장치를 마련해야 함
Guideline 4	데이터 폐기 (data disposal)	건강 관련 민감 정보(Protected Health Information: PHI)와 개인 식별 정보(personally identifiable information: PII)를 생성, 저장, 전송하는 데 사용된 기술에 대해 안전한 폐기 기준을 수립해야 함
Guideline 5	기록 관리 (documentation)	원격 상담과 관련된 기술적·임상적 요소를 포함하여 서비스 방식, 장소, 사용된 기술 등을 상세히 문서화해야 함
Guideline 6	관할권 이슈 (interjurisdictional practice)	다른 주나 국가 간 서비스를 제공할 때는 해당 지역의 법률, 면허 요건, 신고 의무 등을 충분히 이해하고 준수해야 함
치료적 고려 사항(Clinical Considerations)		
Guideline 7	최선의 치료적 개입 (clinical best practice)	원격 환경에서도 동등한 수준의 전문성과 윤리 기준을 유지해야 함
Guideline 8	심리검사 및 평가 (testing and assessment)	원격 심리학에서 심리검사와 평가를 시행할 때 발생할 수 있는 다양한 문제와 한계를 충분히 고려해야 함

Guideline 9	응급상황 대응 (emergencies)	클라이언트의 현재 위치와 응급 연락망을 사전에 확보해야 하며, 비상 상황에 대비한 대체 수단을 마련해 두어야 함
교육, 훈련, 수퍼비전(Educational, Training, and Supervision)		
Guideline 10	교육 및 수퍼비전 (supervision/training)	원격 수퍼비전을 제공하는 사람은 수퍼비전 과정과 원격 심리 서비스에 사용되는 기술에 대한 충분한 역량을 갖추어야 하며, 심리학 교육 프로그램도 원격 심리학 교육을 커리큘럼에 포함하도록 권장함
Guideline 11	새로운 기술 (emerging technologies)	윤리적, 법적, 경험적 고려 사항과 동일한 엄격함을 앞으로 등장할 모든 새로운 심리 개입 기술에도 일관되게 적용하려는 노력이 필요함

출처: APA (2024).

2. VR 상담의 윤리적 고려 사항

디지털 상담과 관련된 많은 윤리 지침들은 특정 기술 개입에 한정하지 않고, 화상 상담을 비롯해 모바일 상담, VR 상담, AI 상담 등 다양한 기술을 포괄하여 비교적 일반적인 수준의 주의사항을 제시하는 경우가 많다. 그러나 실제로는 도입하려는 기술의 고유한 특성에 따라 별도로 고려해야 할 윤리적 쟁점이 존재하므로, VR 상담을 시행하기에 앞서 VR 상담에 특화된 윤리적 고려 사항을 검토하는 것이 필요하다. 캐나다 상담 및 심리치료학회(Canadian Counseling and Psychotherapy Association: CCPA)에서 발간한 '상담과 심리치료에서 기술 사용에 대한 가이드라인(Guidelines for Uses of Technology in

Counselling and Psychotherapy; Schell, 2019)'에서도 이러한 점을 반영하여, 일반적인 지침과 더불어 각 기술별 상담자 역량(competence)의 중요성을 강조하고 있으며, VR 상담에 대해서도 간략하게 다음과 같이 언급하고 있다.

〈표 10-2〉 **캐나다 상담 및 심리치료학회(CCPA) 가이드라인 중 일부**

- VR 상담과 아바타 상담[1)]의 기술의 작동 원리에 대한 이해와 함께, 치료적 적용에 대한 전문적인 훈련이 요구된다.
- 상담자가 기술에 익숙해질 수 있도록 연습 시간을 확보하는 것이 중요하다.
- 적절한 의사소통 수준을 선택하고, 필요시에는 비공개 채팅 기능을 사용하는 것도 고려해야 한다.
- VR 상담 회기 도중 발생할 수 있는 응급상황에 대한 계획을 마련해 두어야 한다.

출처: Schell (2019).

CCPA의 가이드라인은 VR 기술의 이해, 실습 필요성, 상담 시 의사소통 방식과 응급상황 대응 역량에 대해 간단히 언급하고 있으나, 실제 현장에서 VR 상담을 도입하기 위해서는 보다 다양한 요소들을 고려해야 한다. 이에 따라 VR 상담 도입 전 고려해야 할 사항을 기술적 고려 사항, 임상적 고려 사항, 전문가 고려 사항, 내담자 고려 사항, 시스템적 고려 사항의 다섯 가지 영역으로 구분하여 살펴볼 수 있다(Bin et al., 2025).

1) 가이드라인에서는 기술적으로 유사한 VR 상담과 아바타 상담을 함께 언급하고 있다.

1) 기술적 고려 사항

(1) 장비 멈춤 현상 등 기술적 오류

프로그램 오류, 화면 지연, 그래픽 반응 지체(rendering delay) 등으로 인해 장비가 멈추는 상황이 발생할 수 있다. 이러한 기술적 불안정성은 실제 사용 시 간혹 나타날 수 있으므로, 상담자는 회기 시작 전, 오류 발생 가능성 및 오류 발생 시의 대응책을 마련하고, 내담자와 이에 대해 사전 협의해야 한다. 예를 들어, 기술적 문제로 VR 상담이 지속 불가능한 경우, 환불 또는 치료적 보상 방안을 마련하고 대체 매체(예: 전화, 화상 상담)로의 전환 방법을 미리 설정해 둘 필요가 있다.

(2) 낮은 장비 성능 또는 장비 고장에 따른 몰입감 저하

하드웨어 결함이나 배터리 문제, 저화질의 그래픽과 사운드는 시청각 자극의 질을 저하시켜 몰입감을 떨어뜨리고 상담 몰입을 방해할 수 있다. 몰입감이 저하될 경우 치료적 흐름이 끊기고 결국 치료 중단으로 이어질 위험이 있다(Haeyen et al., 2021; Lindner et al., 2019).

(3) 상담자 및 내담자의 장비 조작 미숙

상담자 또는 내담자가 장비 조작이 미숙한 경우, 장비를 세팅하고 조작하는 데 상당한 시간이 소요되고 절차적 비효율성이 발생할 수 있다(Riches et al., 2023). VR 상담을 실시하기 전 헤드셋 착용 및 조절, 앱을 선택하고 실행하는 것, 컨트롤러 조작 등을 연습하여 실제 상담에서 능숙하게 사용할 수 있도록 대비할 필요가 있다.

(4) 공간적 · 물리적 인프라 확보 필요

VR 시스템의 평균 비용이 연간 4천 달러를 초과할 수 있다는 조사 결과는, 이러한 추가 비용을 감당할 수 있는 환경에서만 VR 상담이 제한적으로 도입될 수 있음을 시사한다(Babu & Joseph, 2025). 또한 VR 상담을 적용하기 위해서는 장비 설치가 가능하고, 내담자가 방해받지 않고 치료에 몰입할 수 있는 별도의 공간 마련이 필수적이다. 예를 들어, 소음이 있거나 인터넷 연결이 불안정해 앱 접속이나 화면 송출이 원활하지 않은 환경, 노트북 및 VR 장비 충전이 어려운 환경, 혹은 장비 착용 후 가벼운 활동을 하기에는 공간이 협소한 경우 등은 VR 환경에 몰입하기 어렵게 만들어 효과적인 상담이 어려울 수 있다(Van Pelt et al., 2022).

2) 임상적 고려 사항

(1) 특정 대상 및 환자군에 대한 치료 적합성 고려

내담자의 상태나 정서적 민감성에 따라 VR 환경이 오히려 역효과를 유발할 수 있다. 예를 들어, PTSD 치료에 효과적인 것으로 알려진 VR 기반 노출의 경우, 노출 이전과 이후에 충분한 치료적 과정(예: 안정화, 통합 작업)이 제공되지 않는다면, VR의 지나친 자극은 재트라우마화(retraumatized)를 일으킬 수 있으며, 치료 도중 HMD를 던지는 등의 돌발 상황이 발생할 우려도 있다(Kramer et al., 2010).

(2) VR 상담 효과성 일반화의 어려움

VR 상담의 효과성은 아직 충분히 입증되지 않았으며, 특정 질환(예: PTSD)에 대한 효과도 제한적으로 보고되고 있다. 일부 전문가들은 VR 상담이 전통적 상담에 비해 효과가 낮다고 인식하고 있으며, 이에 따라 VR의 도입 필요성을 낮게 평가하는 의견도 존재한다. 따라서 VR 상담의 효과성과 적용 가능성을 검증하기 위해 다양한 대상과 충분한 표본을 바탕으로 한 실증 연구가 뒷받침되어야 할 필요가 있다.

(3) 심리적 · 신체적 부작용 유발 가능성

- 현실세계 부적응(dysfunctional re-entry): VR 기술은 높은 몰입감을 특징으로 하며, 이는 치료에 긍정적으로 작용할 수 있지만, 동시에 현실과의 경계를 모호하게 하여 현실 적응의 어려움을 유발할 수 있다. 특히 높은 몰입감으로 인해 상담 종료 후에도 심리적 혼란이나 불안을 경험할 수 있다. 또한 이인증(Depersonalizaion)/현실감각장애(Derealization Disorder) 등 정신건강 문제로 이어질 가능성도 있어 주의를 요한다(Lopez, 2023; Spiegel, 2018). 특히 아동 · 청소년이나 정신질환 취약 계층의 경우 현실과 가상의 경계를 구분하는 데 더욱 어려움을 겪을 수 있으며, 이에 따라 심리적 부작용이 발생할 가능성이 높다. Liao 등(2019)의 연구에서는 6~8세 아동이 VR을 통해 수영장에 들어간 장면을 보며 숨을 참고, 자신이 정말 물속에 있는 건지 혼란스러워한다던지, 공룡에게 들킬까 봐 두려워하는 모습이 관찰되기도 하였다. 이러한 높은 몰입감을 기반으로 한 VR 상담은 내담자의 현실 인식을 왜곡시킬 수 있으므로, 현실감(realism)을 강조한 VR 기술을 윤리적으로 안전하게 활용하기 위한 고민이 필요하다. 또한 VR 기술의 장기적인 심리적 영향에 대한 연구와 함께, 현실 검증 능력에 대한 사전 평가, 관련

교육 및 윤리 규제 마련 등이 필요하다(Slater et al., 2020). 더불어, 치료 프로토콜 마련을 위한 지속적인 추적 연구와 효과 모니터링 체계 구축도 병행되어야 할 것이다.

- 사이버 멀미(cybersickness): 사이버 멀미는 VR 개입 시 가장 흔하게 언급되는 신체적 부작용으로, VR 환경에서 시각적으로 유발되는 멀미의 한 종류이다. 개인차가 있으나 VR을 30분 이상 사용할 경우 멀미와 유사한 증상을 경험하게 되며, 주요 증상으로는 일반적인 불편감, 두통, 메스꺼움, 어지럼증, 구토, 창백함, 발한, 피로감, 방향감각 상실, 무감각 등이 있다. 사이버 멀미의 원인은 하드웨어(예: 디스플레이 유형, 디스플레이 모드, 시간 지연), 콘텐츠(예: 움직이는 VR 장면이나 고품질의 그래픽), 개인차(예: 나이, 성별, 멀미 민감성) 등 다양하다(Chang et al., 2020).

3) 전문가 관련 고려 사항

(1) 전문가의 기술 역량 부족

상담자가 VR 기기를 다루기 위한 기술적 이해와 운용 역량이 부족한 경우가 많다. VR 상담을 원활하게 수행하기 위해서는 추가적인 전문 교육을 이수하는 것이 필수적이지만, 이러한 교육을 체계적으로 제공하는 기관이 부족하여 상담자가 개인적으로 역량을 키우기에는 한계가 있다(Chung et al., 2022; Segal et al., 2011).

(2) 기술 도입에 대한 부정적 태도

많은 상담자들이 디지털 상담에 대해 심리적 저항감을 보이는데, 이는 VR 상담에서도 유사하게 나타난다. VR 상담이 임상적으로 효과적이라는 결과가 보고되고 있으나, 실제 현장에서의 도입률은 3%에 못 미치는 것으로 나타났다. 이는 상담자의 기술 도입에 대한 부정적 태도와 효과성에 대한 회의감(Kramer et al., 2010; Schwartzman et al., 2012; Wray & Emery, 2022)에서 비롯되며, 기술 사용 의도를 약화시켜 결과적으로 기술 도입의 장벽으로 작용한다.

4) 내담자 관련 고려 사항

(1) 내담자의 기술 활용 능력

VR 상담은 사용자가 일정 수준 이상의 기술 활용 능력을 필요로 하며, 내담자에 따라서는 독립적으로 기기를 다루는 데 어려움을 겪을 수 있다. 예를 들어, 고령자나 인지적 어려움이 있는 대상자군(예: 치매, 조현병, 발달장애)의 경우 장비 사용에 대한 거부감을 보일 수 있으며, 이러한 내담자에게는 장비 사용법을 반복적으로 안내하고 익숙해질 수 있도록 충분한 설명과 지원이 제공되어야 치료적 개입이 원활하게 이루어질 수 있다(Segal et al., 2011).

(2) 내담자의 치료 거부감

치료자뿐만 아니라 내담자 역시 치료 과정에 VR을 도입하는 것에 심리적 거리감을 느낄 수 있다. 특히 기술 접근성 문제로 인하여 65세 이상 환자의 60%가 사용을 기피한다는 연구 결과(Lindner et al., 2019)도 있으며, 이는 새로운 치료 수단에 대한 불신과 부정적 인식으로 이어질 수 있다. 따라서 상담 장면에서는 내담자의 치료 거부감(reluctance)을 충분히 경청하고, 이를 상담 초기 사전 동의 과정에서 VR 상담의 특징과 장단점, VR 상담의 목적과 기대하는 효과 등에 대한 정보를 사전에 충분히 전달하는 것이 중요하다. 때로는 VR 상담에 대한 거부감뿐만 아니라 호기심으로 인해 치료에 참여하는 경우 예상치 못한 부작용을 경험하고 오히려 부정적인 심리적 경험으로 이어질 우려도 있기 때문에 이를 상담 초기부터 충분하고 적극적으로 사전 안내를 제공하는 것이 중요하겠다. 또한 회기 중 불편한 부분이 있거나 치료를 중단하고 싶은 경우 언제든 중단할 수 있음을 사전에 안내하는 것도 내담자에게 심리적 안정감을 제공하는 데 도움이 될 수 있다.

(3) 내담자의 자가 진단 및 자가 치료

의료진의 처방이 필요한 일부 디지털 치료제를 제외하면 대부분의 VR 전용 프로그램은 누구나 접근할 수 있다. 이에 따라 VR에 관심을 가진 내담자가 의료진의 감독 없이 스스로 치료적 개입을 시도할 가능성이 있으며, 이러한 경우 오진, 과도한 의존, 증상 악화 등으로 이어질 위험이 있으므로 주의가 필요하다.

5) 제도 · 구조적 고려 사항

(1) 개인정보 보호 및 데이터 보안 문제

VR 상담은 기술 구현 과정에서 내담자의 민감한 정보가 수집 · 전송되는 구조적 특징을 갖고 있다. 그런데 VR 기술 개발 기업들은 개발 과정에 심리 및 상담 전문가가 포함되지 않은 경우가 많기 때문에 실제 임상 경험이나 윤리적 전문성이 부족한 경우가 많으므로, 상담 맥락에서 발생할 수 있는 윤리적 문제에 대한 대비가 미흡하다. 상담 과정에서는 개인의 감정 상태나 비밀 유지가 필요한 민감한 정보가 수집되며, 이는 심각한 개인정보 보호 문제로 이어질 수 있다(Adams et al., 2018). 특히 명확한 운영 지침이 부족한 상황에서는 장비 보안과 생체 데이터의 개인정보 관리에 대한 우려가 존재하며, 정보 유출 가능성도 있다. 이러한 문제들은 VR 상담의 도입 과정에서 상담자와 내담자 모두에게 기술에 대한 신뢰를 저하시킬 수 있어, 기술 보편화에 앞서 반드시 정비되어야 할 중요한 과제이다(Chung et al., 2022). 따라서 상담자는 민감 정보의 처리와 관련해 기술자나 업체와 긴밀히 협력하며, 개인정보가 무분별하게 활용되거나 유출되지 않도록 각별한 주의를 기울여야 한다.

(2) 대중의 인식 부족

VR 상담에 대한 대중의 인식 역시 중요한 고려 사항이다. 여전히 많은 사람들이 VR을 오락이나 게임 중심의 기술로 인식하고 있으며, 상담 현장에서 VR을 활용하는 것에 대해 부정적이거나 회의적인 태도를 보이기도 한다(Schwartzman et al., 2012; Wray & Emery, 2022). 따라서 VR 상담의 가능성과 효과에 대한 대중적 이해를 높이기 위해 적극적인 인식 개선 활동과 홍보가 필요하다.

이상의 내용을 정리하면, 다수의 연구를 통해 VR 상담의 효과성과 기술적 가능성이 검증되고 있지만, 실제 도입률은 매우 낮아 전체 정신건강 전문가 중 약 3%만이 VR을 활용하고 있는 실정이다(Segal et al., 2011). 과학적 연구 결과가 임상 현장에 적용되기까지 평균 17년이 소요된다는 점(Morris et al., 2011)을 고려하면, VR 기반 상담 기술 역시 머지않아 일반 대중에게까지 보다 폭넓게 활용될 수 있을 것으로 기대된다. 다만, 기술 개발과 적용에만 집중하기보다는

VR 상담에서 고려해야 할 다양한 측면들을 면밀히 함께 검토하는 것이 중요하겠다. 이는 기술 발전을 늦추는 것이 아니라, 오히려 보다 안전하고 수용성 높은 방식으로 VR 상담의 활용을 앞당기는 데 도움이 될 것이다.

참고문헌

곽윤정, 손지빈, 김수민, 김은하(2025). 가상현실 기반 두 의자 상담 기법에 대한 연구: 중년 남성을 대상으로. 디지털콘텐츠학회논문지, 26(2), 525-534.

교육부(2014). 제3차 학교폭력 예방 및 대책 기본계획(2015~2019). 교육부 보도자료.

국가트라우마센터(2024). 안정화 기법. https://www.nct.go.kr/distMental/crisis/crisis01_4_1.do

김민지, 최선우, 문선영, 박해인, 황희경, 김민경, 석정호(2020). 가상현실기법을 활용한 정신건강교육 및 기술훈련 프로그램의 우울증상 회복 및 자살위험성 감소 효과. *Journal of Korean Neuropsychiatric Association*, 59(1), 51-60.

김성현, 박효은, 이동훈(2022). 정신건강 영역에서의 디지털 치료제 동향과 시사점. 한국심리학회지: 상담 및 심리치료, 34(3), 1401-1430.

김세영, 양승희(2024). 행동활성화 프로그램 효과에 대한 메타분석. 학습자중심교과교육연구, 24(22), 899-922.

김지현(2002). 부모와의 애착안정성 및 청소년의 공감능력과 친구간 갈등해결 전략과의 관계. 숙명여자대학교 대학원 석사학위논문.

김춘경, 이수연, 이윤주, 정종진, 최웅용(2016). 상담학 사전. 학지사.

나기회, 권해수(2024). 청년 은둔형 외톨이를 위한 비대면 행동활성화치료 개발 및 효과. 인지행동치료, 24(3), 323-343.

송승권, 황정하(2021). 조현병 대상자를 위한 그룹 행동활성화 프로그램의 효과. 보건사회연구, 41(1), 193-211.

오준엽, 마정이, 남상규, 김완석, 이주엽(2018). 마음챙김 훈련을 위한 모바일 인터페이스 디자인. 한국융합학회논문지, 9(11), 179-192.

유기은(2024). 가상현실 기반 빈 의자 기법에 대한 질적 연구: 중년 남성을 대상으로. 아주대학교 대학원 석사학위논문.

윤수정, 심은정(2024). 심상 기반 행동활성화 개입의 우울에 대한 효과 검증. **스트레스연구**, 32(4), 204-213.

이윤희, 김경민, 이상민(2021). 비대면 상담 윤리강령 기초 연구. **상담학연구**, 22(5), 77-106.

이은아(2015). 트라우마상담 모형: 단계별 치유 기제 및 기법에 대한 이해를 중심으로. **상담학연구**, 16(3), 581-602.

전민지(2021). 대학생의 사회불안 완화 및 삶의 질 향상을 위한 행동활성화 치료 프로그램의 효과. 대구대학교 일반대학원 석사학위논문.

조민경, 이유림, 석혜정, 김은하(in review). VR 빈의자 기법을 활용한 애도 상담.

조민경, 이재연, 김은하(2024). 기질 특성에 따른 명상의 효과: VR 명상과 심상 명상의 비교. **상담학연구**, 25(6), 21-40.

한국상담학회(2024. 10. 26.). 윤리강령. https://counselors.or.kr/

Adams, D., Bah, A., Barwulor, C., Musaby, N., Pitkin, K., & Redmiles, E. M. (2018). Ethics emerging: The story of privacy and security perceptions in virtual reality. In *Fourteenth Symposium on Usable Privacy and Security* (SOUPS 2018) (pp. 427-442). USENIX Association. https://www.usenix.org/conference/soups2018/presentation/adams

Alber, C. S., Krämer, L. V., Rosar, S. M., & Mueller-Weinitschke, C. (2023). Internet-based behavioral activation for depression: Systematic review and meta-analysis. *Journal of Medical Internet Research, 25*, e41643.

American Psychiatric Association. (2013). *Diagnostic and statistical manual of mental disorders* (5th ed.). American Psychiatric Publishing.

American Psychiatric Association. (2022). *Diagnostic and statistical manual of mental disorders* (5th ed., text rev.; DSM-5-TR). American Psychiatric Publishing.

American Psychological Association(APA). (2024). *Proposed Revision of Guidelines for the Practice of Telepsychology*. Retrieved from https://www.apa.org/practice/guidelines/telepsychology-revisions.pdf

Andersen, N. J., Schwartzman, D., Martinez, C., Cormier, G., & Drapeau, M.

(2023). Virtual reality interventions for the treatment of anxiety disorders: A scoping review. *Journal of Behavior Therapy and Experimental Psychiatry, 81*, 101851.

Babu, A., & Joseph, A. P.(2025). Integrating Virtual Reality into ADHD Therapy: Advancing Clinical Evidence and Implementation Strategies. *Frontiers in Psychiatry, 16*, 1591504.

Bailey, J. O., & Bailenson, J. N. (2017). Immersive virtual reality and the developing child. In F. C. Blumberg & P. J. Brooks (Eds.), *Cognitive development in digital contexts* (pp. 181-200). Elsevier Academic Press.

Bailey, J. O., Bailenson, J. N., & Casasanto, D. (2020). Using immersive virtual reality to improve the self-compassion of people with depression. *Psychological Science, 31*(6), 710-719.

Bandura, A. (1977). Self-efficacy: Toward a unifying theory of behavioral change. *Psychological Review, 84*(2), 191-215.

Baños, R. M., Escobar, P., Cebolla, A., Guixeres, J., Alvarez Pitti, J., Lisón, J. F., & Botella, C. (2016). Using virtual reality to distract overweight children from bodily sensations during exercise. Cyberpsychology, *Behavior, and Social Networking, 19*(2), 115-119.

Batson, C. D. (2014). *The altruism question: Toward a social-psychological answer*. Psychology Press.

Benham, G., Lutteroth, C., & Morrow, D. (2021). BehaVR and the future of virtual reality cognitive therapy. *Journal of Medical Internet Research, 23*(4), e23451.

Beshai, S., Bueno, C., Yu, M., Feeney, J. R., & Pitariu, A. (2020). Examining the effectiveness of an online program to cultivate mindfulness and self-compassion skills (Mind-OP): Randomized controlled trial on Amazon's Mechanical Turk. *Behaviour Research and Therapy, 134*, 103724.

Bin, S., Alrashdi, D. H., Whitehead, T., Riches, S., & Drini, E. (2025). Mental Health Professionals' Attitudes Towards Virtual Reality Therapies: A

Systematic Review. *Journal of Technology in Behavioral Science*, 1-24.

Blume, F., Hudak, J., Dresler, T., Ehlis, A., Kühnhausen, J., Renner, T., & Gawrilow, C. (2017). NIRS-based neurofeedback training in a virtual reality classroom for children with attention-deficit/hyperactivity disorder: Study protocol for a randomized controlled trial. *Trials, 18*, 41.

Bodzin, A., Junior, R. A., Hammond, T., & Anastasio, D. (2021). Investigating Engagement and Flow with a Placed-Based Immersive Virtual Reality Game. *Journal of Science Education and Technology, 30*(3), 347-360.

Botella, C., Fernández-Álvarez, J., Guillén, V., García-Palacios, A., & Baños, R. M. (2017). Recent progress in virtual reality exposure therapy for phobias: A systematic review. *Current Psychiatry Reports, 19*(7), 42.

Botvinick, M., & Cohen, J. (1998). Rubber hands 'feel'touch that eyes see. *Nature, 391*(6669), 756-756.

Bouchard, S., Dumoulin, S., Robillard, G., Guitard, T., Klinger, É., Forget, H., Loranger, C., & Roucaut, F. X. (2017). Virtual reality compared with in vivo exposure in the treatment of social anxiety disorder: A three-arm randomised controlled trial. *The British Journal of Psychiatry, 210*(4), 276-283.

Briere, J. N., & Scott, C. (2014). *Principles of trauma therapy: a guide to symptoms, evaluation, and treatment* (2nd ed.). 이동훈, 김종희, 이정은, 김진주, 강현숙 공역(2020). 트라우마 상담 및 심리치료의 원칙: 증상 · 평가 · 치료를 위한 길잡이. 시그마프레스.

Calderone, A., Militi, A., Latella, D., De Luca, R., Corallo, F., De Pasquale, P., Quartarone, A., Maggio, M. G., & Calabrò, R. S. (2024). Harnessing Virtual Reality: Improving social skills in adults with Autism Spectrum Disorder. *Journal of Clinical Medicine, 13*(21), 6435.

Carl, E., Stein, A. T., Levihn-Coon, A., Pogue, J. R., Rothbaum, B., Emmelkamp, P., & Powers, M. B. (2019). Virtual reality exposure therapy for anxiety and related disorders: A meta-analysis of randomized controlled trials. *Journal of Anxiety Disorders, 61*, 27-36.

Casu, M., Farrauto, C., Farruggio, G., Bellissima, S., Battiato, S., & Caponnetto, P. (2024). Exploring the therapeutic potential of virtual reality: a review on the simulation of psychedelic effects for treating psychological disorders. *Psychology International, 6*(2), 603-617.

Chang, E., Kim, H. T., & Yoo, B. (2020). Virtual reality sickness: a review of causes and measurements. *International Journal of Human-Computer Interaction, 36*(17), 1658-1682.

Chen, K., Barnes-Horowitz, N., Treanor, M., Sun, M., Young, K. S., & Craske, M. G. (2021). Virtual reality reward training for anhedonia: a pilot study. *Frontiers in psychology, 11*, 613617.

Chirico, A., Lucidi, F., De Laurentiis, M., Milanese, C., Napoli, A., & Giordano, A. (2022). Virtual and augmented reality for the treatment of anxiety disorders: A systematic review. *Clinical Psychology Review, 98*, 102203.

Chung, O. S., Robinson, T., Johnson, A. M., Dowling, N. L., Ng, C. H., Yücel, M., & Segrave, R. A. (2022). Implementation of Therapeutic Virtual Reality Into Psychiatric Care: Clinicians' and Service Managers' Perspectives. *Front Psychiatry, 4*(12), 791123.

Colombo, D., Suso-Ribera, C., Ortigosa-Beltran, I., Cipresso, P., Pedroli, E., & Riva, G. (2022). Behavioral activation through virtual reality for depression: A single case experimental design with multiple baselines. *Journal of Clinical Medicine, 11*(5), 1262.

Craske, M. G., Treanor, M., Conway, C. C., Zbozinek, T., & Vervliet, B. (2014). Maximizing exposure therapy: An inhibitory learning approach. *Behaviour Research and Therapy, 58*, 10-23.

Crescentini, C., & Capurso, V. (2015). Mindfulness meditation and explicit and implicit indicators of personality and self-concept changes. *Frontiers in psychology, 6*, 44.

Cubicle Ninjas. (n.d.). https://guidedmeditationvr.com/

Cullen, A. J., Dowling, N., Segrave, R., Carter, A., & Yücel, M. (2021).

Exposure therapy in a virtual environment: Validation in obsessive compulsive disorder. *Journal of Anxiety Disorders, 80*, 102404.

Davis, M. H. (1983). Measuring individual differences in empathy: evidence for amultidimensional approach. *Journal of Personality and social Psychology, 44*, 113-126.

De Vibe, M., Bjørndal, A., Tipton, E., Hammerstrøm, K., & Kowalski, K. (2012). Mindfulness based stress reduction (MBSR) for improving health, quality of life, and social functioning in adults. *Campbell Systematic Reviews, 8*(1), 1-127.

Dehghan, B., Saeidimehr, S., Sayyah, M., & Rahim, F. (2022). The effect of virtual reality on emotional response and symptoms provocation in patients with OCD: A systematic review and meta-analysis. *Frontiers in Psychiatry, 12*.

Dolan, E. W. (2024). Virtual reality emerges as a promising tool in depression treatment. https://www.psypost.org/virtual-reality-emerges-as-a-promising-tool-in-depression-treatment/

Döllinger, N., Wienrich, C., & Latoschik, M. E. (2021). Challenges and opportunities of immersive technologies for mindfulness meditation: a systematic review. *Frontiers in Virtual Reality*, *2*, 644683.

Donker, T., Cornelisz, I., van Klaveren, C., van Straten, A., Carlbring, P., Cuijpers, P., & van Gelder, J. L. (2019). A real-world implementation of virtual reality exposure therapy for acrophobia. *Behaviour Research and Therapy, 116*, 68-74.

Donker, T., van Klaveren, C., Cuijpers, P., van Straten, A., & Carlbring, P. (2020). Effectiveness of self-guided app-based virtual reality exposure therapy for acrophobia: A randomized clinical trial. *JAMA Psychiatry, 77*(7), 735-743.

Dovidio, J. F. (1984). Helping behavior and altruism: An empirical and conceptualoverview. *Advances in Experimental Social Psychology, 17*, 361-427

Elliott, R., & Greenberg, L. (2007). The essence of process-experiential/

emotion-focused therapy. *American Journal of Psychotherapy, 61*(3), 241-254.

Emmelkamp, P. M., Bruynzeel, M., Drost, L., & van der Mast, C. A. G. (2001). Virtual reality treatment in acrophobia: a comparison with exposure in vivo. *CyberPsychology & Behavior, 4*(3), 335-339.

Emmelkamp, P. M. G., Meyerbröker, K., & Morina, N. (2020). Virtual reality therapy in social anxiety disorder. *Current Psychiatry Reports, 22*(32).

Falconer, C. J., Rovira, A., King, J. A., Gilbert, P., Antley, A., Fearon, P., Ralph, N., Slater, M., & Brewin, C. R. (2016). Embodying self-compassion within virtual reality and its effects on patients with depression. *BJPsych Open, 2*(1), 74-80.

Foa, E. B., & Kozak, M. J. (1986). Emotional processing of fear: Exposure to corrective information. *Psychological Bulletin, 99*(1), 20-35.

Foa, E. B., & Rothbaum, B. O. (1998). *Treating the trauma of rape: Cognitive-behavioral therapy for PTSD*. Guilford Press.

Foa, E. B., Huppert, J. D., & Cahill, S. P. (2007). Emotional processing theory: An update. In D. F. Barrett (Ed.), *Emotions: Current issues and future directions* (pp. 3-24). Routledge.

Floreo VR. (n.d.). Floreo 데모. https://www.youtube.com/watch?v=S-77A-G7Shk

Gan, R., Zhang, L., & Chen, S. (2022). The effects of body scan meditation: A systematic review and meta-analysis. *Applied Psychology: Health and Well-Being, 14*(3), 1062-1080.

Ganschow, B., Cornet, L., Zebel, S., & Van Gelder, J. L. (2021). Looking back from the future: Perspective taking in virtual reality increases future self-continuity. *Frontiers in Psychology, 12*, 664687.

Goodwin, G. M., McCloskey, D. I., & Matthews, P. B. (1972). Proprioceptive illusions induced by muscle vibration: Contribution by muscle spindles to perception? *Science, 175*(4028), 1382-1384.

Greenberg, L. S. (2002). *Emotion-focused therapy: Coaching clients to work through their feelings*. American Psychological Association.

Greenberg, L. S., & Rice, L. N. (1981). *Emotion in psychotherapy*. Guilford Press.

Greenergames. (n.d.). https://www.greenergames.net/nature-treks

Grossman, P., Niemann, L., Schmidt, S., & Walach, H. (2004). Mindfulness-based stress reduction and health benefits: A meta-analysis. *Journal of psychosomatic research, 57*(1), 35-43.

Haeyen, S., Jans, N., & Heijman, J. (2021). The use of VR tilt brush in art and psychomotor therapy: An innovative perspective. *The Arts in Psychotherapy, 76*, 1-9.

Horigome, T., Kurokawa, S., Sawada, K., Kudo, S., Shiga, K., Mimura, M., & Kishimoto, T. (2020). Virtual reality exposure therapy for social anxiety disorder: a systematic review and meta-analysis. *Psychological Medicine, 50*(15), 2487-2497.

Inozu, M., Celikcan, U., Akin, B., & Mustafaoğlu Çiçek, N. (2020). The use of virtual reality (VR) exposure for reducing contamination fear and disgust: Can VR be an effective alternative exposure technique to in vivo? *Journal of Obsessive-Compulsive and Related Disorders, 25*, 100518.

Jo, M., Kim, E., & Lee, J. (2024). Virtual reality vs. imagery: comparing approaches in guided meditation. *Frontiers in Psychology, 15*, 1472780.

Kabat-Zinn, J. (1990). *Full catastrophe living*. Using the wisdom of your body and mind to face stress, pain and illness. Bantam Doubleday Dell Publishing.

Kalantari, S., Bill Xu, T., Mostafavi, A., Lee, A., Barankevich, R., Boot, W. R., & Czaja, S. J. (2022). Using a nature-based virtual reality environment for improving mood states and cognitive engagement in older adults: A mixed-method feasibility study. *Innovation in aging, 6*(3), 1-17.

Kampmann, I. L., Emmelkamp, P. M., & Morina, N. (2016). Cognitive and behavioral therapies for social anxiety disorder: A meta-analysis.

Psychological Medicine, 46(15), 3177-3190.

Kanter, J. W., Santiago-Rivera, A. L., Rusch, L. C., Busch, A. M., & West, P. (2010). Initial outcomes of a culturally adapted behavioral activation for Latinas diagnosed with depression at a community clinic. *Behavior modification, 34*(2), 120-144.

Kellogg, S. H. (2014). *Transformational chairwork: Using psychotherapeutic dialogues in clinical practice*. Rowman & Littlefield.

Kim, E., Laine, T. H., Suk, H. J., & Jo, Y. W. (2024). Using immersive virtual reality in testing empathy type for adolescents. *Current Psychology, 43*(18), 16183-16197.

Kim, J., Hong, S., Song, M.-K., & Kim, K. (2024). Visual attention and pulmonary VR training system for children with attention deficit hyperactivity disorder. *IEEE Access, 12*, 53739-53751.

Kim, S. J., Laine, T. H., & Suk, H. J. (2021). Presence Effects in Virtual Reality Based on User Characteristics: Attention, Enjoyment, and Memory. *Electronics, 10*(9), 1051.

Knaust, T., Felnhofer, A., Kothgassner, O. D., Höllmer, H., Gorzka, R.-J., & Schulz, H. (2020). Virtual trauma interventions for the treatment of post-traumatic stress disorders: A scoping review. *Frontiers in Psychology, 11*, 562506.

Kramer, T. L., Pyne, J. M., Kimbrell, T. A., Savary, P. E., Smith, J. L., & Jegley, S. M. (2010). Clinician perceptions of virtual reality to assess and treat returning veterans. *Psychiatric Services, 61*(11), 1153-1156.

Krijn, M., Emmelkamp, P. M. G., Olafsson, R. P., & Biemond, R. (2004). Virtual reality exposure therapy of anxiety disorders: A review. *Clinical Psychology Review, 24*(3), 259-281.

Krzystanek, M. (2021). Tips for effective implementation of virtual reality exposure therapy (VRET). *Psychiatria Polska, 55*(3), 539-551.

Kwan, H.-Y., Lin, L., Fahy, C., Shell, J., Pang, S., & Xing, Y. (2022). Designing VR training systems for children with attention deficit hyperactivity disorder (ADHD). *2022 IEEE Conference on Virtual*

Reality and 3D User Interfaces Abstracts and Workshops (VRW), 88-89.

Lackner, J. R. (1988). Some proprioceptive influences on the perceptual representation of body shape and orientation. *Brain, 111*(2), 281-297.

Ladakis, I., Filos, D., & Chouvarda, I. (2024). Virtual reality environments for stress reduction and management: a scoping review. *Virtual Reality, 28*(1), 50.

Latner, J. (1973). *The Gestalt therapy book*. Julian Press.

Lee, J. H., Kwon, H., Choi, J., & Yang, B. H. (2007). Cue-exposure therapy to decrease alcohol craving in virtual environment. *Cyberpsychology & Behavior, 10*(5), 617-623.

Lee, J. H., Lee, T. S., Yoo, S. Y., Lee, S. W., Jang, J. H., Choi, Y. J., & Park, Y. R. (2023). Metaverse-based social skills training programme for children with autism spectrum disorder to improve social interaction ability: An open-label, single-centre, randomised controlled pilot trial. *EClinicalMedicine, 61*, 102072.

Lewinsohn, P. M. (1974). A behavioral approach to depression. In R. J. Friedman & M. M. Katz (Eds.), *The psychology of depression: Contemporary theory and research*. John Wiley & Sons.

Liao, T., Jennings, N. A., Dell, L., & Collins, C. (2019). Could the virtual dinosaur see you? Understanding children. *Journal For Virtual Worlds Research, 12*(2), 1-16.

Liao, Y., Tseng, H., Lin, Y. J., Wang, C. J., & Hsu, W. (2020). Using virtual reality-based training to improve cognitive function, instrumental activities of daily living, and neural efficiency in older adults with mild cognitive impairment: A randomized controlled trial. *European Journal of Physical and Rehabilitation Medicine, 56*(1), 47-57.

Liminal VR. (n.d.). https://liminalvr.com/

Lindner, P., Miloff, A., Zetterlund, E., Reuterskiöld, L., Andersson, G., & Carlbring, P. (2019). Attitudes Toward and Familiarity With Virtual Reality Therapy Among Practicing Cognitive Behavior Therapists: A

Cross-Sectional Survey Study in the Era of Consumer VR Platforms. *Frontiers in Psychology, 10*, 176.

Lindner, P., Miloff, A., Zetterlund, E., Reuterskiöld, L., Andersson, G., & Carlbring, P. (2020). Gamified, automated virtual reality exposure therapy for spider phobia: A single-subject trial under simulated real-world conditions. *Frontiers in Psychiatry, 11*, 560474.

López, B. R. (2023). *Ethics of Virtual Reality* (pp. 109-127). Springer Nature.

McKay, E., Kirk, H., Coxon, J., Courtney, D., Bellgrove, M., Arnatkevičiūtė, A., & Cornish, K. (2022). Training inhibitory control in adolescents with elevated attention deficit hyperactivity disorder traits: A randomised controlled trial of the Alfi virtual reality programme. *BMJ Open, 12*(9), e061626.

Meyerbröker, K., & Emmelkamp, P. M. G. (2010). Virtual reality exposure therapy in anxiety disorders: A systematic review of process-and-outcome studies. *Depression and Anxiety, 27*(10), 933-944.

Microsoft. (2022). *Dynamics 365 Guides: Remote training and support platform*. Retrieved from https://dynamics.microsoft.com/en-us/mixed-reality/guides/

Miloff, A., Lindner, P., Hamilton, W., Reuterskiöld, L., Andersson, G., & Carlbring, P. (2019). Single-session gamified virtual reality exposure therapy for spider phobia vs. traditional exposure therapy: A randomized controlled non-inferiority trial. *Nature Human Behaviour, 3*(7), 746-754.

Mistry, D., Zhu, J., Tremblay, P., Wekerle, C., Lanius, R., Jetly, R., & Frewen, P. (2020). Meditating in virtual reality: Proof-of-concept intervention for posttraumatic stress. *Psychological Trauma: Theory, Research, Practice, and Policy, 12*(8), 847-858.

Monthuy-Blanc, J., Bouchard, S., Ouellet, M., Corno, G., Iceta, S., & Rousseau, M. (2020). "eLoriCorps immersive body rating scale": Exploring the assessment of body image disturbances from allocentric and egocentric perspectives. *Journal of Clinical Medicine, 9*(9), 2926.

Morina, N., Ijntema, H., Meyerbröker, K., & Emmelkamp, P. M. G. (2015). Can virtual reality exposure therapy gains be generalized to real-life? A meta-analysis of studies applying behavioral assessments. *Behaviour Research and Therapy, 74*, 18-24.

Morris, Z. S., Wooding, S., & Grant, J. (2011). The answer is 17 years, what is the question: understanding time lags in translational research. *Journal of the Royal Society of Medicine, 104*(12), 510-520.

Mowrer, O. H. (1960). Learning theory and behavior. Wiley.

Naylor, A. H. (2022). The effects of a combination of 3D virtual reality and hands-on horticultural activities on mastery, achievement motives, self-esteem, isolation and depression: a quasi-experimental study. *BMC Geriatrics, 22*(1), 744.

Oh, S., Park, J., & Cho, S. J. (2022). Effectiveness of the VR cognitive training for symptom relief in patients with ADHD. *Journal of Web Engineering, 21*(3), 767-788.

Olweus, D. (1993). *Bullying at school: What we know and what we can do.* Blackwell Publishing

Park, J. H. (2020). Effects of virtual reality-based spatial cognitive training on hippocampal function of older adults with mild cognitive impairment. *International Psychogeriatrics, 32*(5), 675-682.

Parsons, T. D., & Rizzo, A. A. (2008). Affective outcomes of virtual reality exposure therapy for anxiety and specific phobias: A meta-analysis. *Journal of Behavior Therapy and Experimental Psychiatry, 39*(3), 250-261.

Paul, M., Bullock, K., & Bailenson, J. (2020). Virtual Reality Behavioral Activation as an Intervention for Major Depressive Disorder: Case Report. *JMIR mental health, 7*(11), e24331.

Paul, M., Bullock, K., & Bailenson, J. (2022). Virtual Reality Behavioral Activation for Adults With Major Depressive Disorder: Feasibility Randomized Controlled Trial. *JMIR mental health, 9*(5), e35526.

Paul, M., Bullock, K., Bailenson, J., & Burns, D. (2024). Examining the

Efficacy of Extended Reality-Enhanced Behavioral Activation for Adults With Major Depressive Disorder: Randomized Controlled Trial. *JMIR Mental Health, 11*(1), e52326.

Pavic, K., Vergilino-Perez, D., Gricourt, T., & Chaby, L. (2022). Because I'm happy-An overview on fostering positive emotions through virtual reality. *Frontiers in Virtual Reality, 3*, 788820.

Pavlov, I. P. (1927). *Conditioned reflexes: An investigation of the physiological activity of the cerebral cortex*. Oxford University Press.

Perls, F. (1969). *Gestalt therapy verbatim*. Real People Press.

Perls, F., Hefferline, G., & Goodman, P. (1951). *Gestalt therapy: Excitement and growth in the human personality*. Bantam Books.

Piccialli, F., Carotenuto, P., Gallo, L., & De Pietro, G. (2023). Smart wearable augmented reality for industrial applications: Vuzix Blade case study. *IEEE Access, 11*, 32709-32719.

Porras-Garcia, B., Ferrer-Garcia, M., Serrano-Troncoso, E., Carulla-Roig, M., Riesco, N., Vilalta-Abella, F., & Pla-Sanjuanelo, J. (2020). An embodied virtual reality system to explore the impact of body exposure on body image disturbances in anorexia nervosa: A clinical case study. *Frontiers in Psychology, 11*, 953.

Punkanen, M., & Buckley, T. (2021). Embodied safety and bodily stabilization in the treatment of complex trauma. *European Journal of Trauma & Dissociation, 5*(3), 100156.

Rachman, S. (1980). Emotional processing. In J. D. S. Orlebeke, G. Mulder, & L. J. P. van Doornen (Eds.), *Psychophysiology of cardiovascular control* (pp. 45-58). Plenum Press.

Ramachandran, V. S., & Hirstein, W. (1998). The perception of phantom limbs: The D. O. Hebb lecture. *Brain: A Journal of Neurology, 121*(9), 1603-1630.

Rebecca Jiang. (n.d.). SocialWise VR 데모. https://www.youtube.com/watch?v=DGvMduN8oKg

Reeves, S., Howard, A., & Montgomery, C. (2021). Virtual reality exposure therapy for public speaking anxiety: A randomized controlled trial. *Behaviour Research and Therapy, 146*, 103962.

Replika. (n.d.). Replika 공식 블로그. https://blog.replika.com/

Riches, S., Nicholson, S. L., Fialho, C., Little, J., Ahmed, L., McIntosh, H., Kaleva, I., Sandford, T., Cockburn, R., Odoi, C., Azevedo, L., Vasile, R., Payne-Gill, J., Fisher, H. L., van Driel, C., Veling, W., Valmaggia, L., & Rumball, F. (2023). Integrating a virtual reality relaxation clinic within acute psychiatric services: A pilot study. *Psychiatry Research, 329*, 1-17.

Riva, G., Bernardelli, L., & Castelnuovo, G. (2021). A virtual reality-based self-help intervention for dealing with the psychological distress associated with the COVID-19 lockdown: An effectiveness study with a two-week follow-up. International *Journal of Environmental Research and Public Health, 18*(15), 8188.

Riva, G., Wiederhold, B. K., & Molinari, E. (Eds.). (2007). *Virtual environments in clinical psychology and neuroscience: Methods and techniques in advanced patient-therapist interaction*. IOS Press.

Rizzo, A. S., Koenig, S. T., Talbot, T. B., & Wiederhold, B. (2019). Virtual reality as a tool for delivering PTSD exposure therapy and stress resilience training. *Military Behavioral Health, 7*(3), 178-192.

Rothbaum, B. O., Hodges, L. F., Ready, D., Graap, K., & Alarcon, R. D. (2001). Virtual reality exposure therapy for Vietnam veterans with posttraumatic stress disorder. *Journal of Clinical Psychiatry, 62*(8), 617-622.

Rubin, R. B., & McHugh, M. P. (1987). Development of parasocial interaction relationships. *Journal of Broadcasting & Electronic Media, 31*(3), 279-292.

Salminen, M., Järvelä, S., Kosunen, I., Ruonala, A., Hamari, J., Ravaja, N., & Jacucci, G. (2024). Meditating in a neurofeedback virtual reality: effects on sense of presence, meditation depth and brain oscillations. *Behaviour & Information Technology, 43*(12), 2750-2764.

Schell, D. (2019). *Guidelines for uses of technology in counselling and psychotherapy*. Canadian Counseling and Psychotherapy Associacion. Retrived from https://www.ccpa-accp.ca/wp-content/uploads/2019/04/TISCGuidelines_Mar2019_EN.pdf

Schwartzman, D., Segal, R., & Drapeau, M. (2012). Perceptions of virtual reality among therapists who do not apply this technology in clinical practice. *Psychological Services, 9*(3), 310-315.

Seabrook, E., Kelly, R., Foley, F., Theiler, S., Thomas, N., Wadley, G., & Nedeljkovic, M. (2020). Understanding how virtual reality can support mindfulness practice: mixed methods study. *Journal of medical Internet research, 22*(3), e16106.

Sedlmeier, P., Eberth, J., Schwarz, M., Zimmermann, D., Haarig, F., Jaeger, S., & Kunze, S. (2012). The psychological effects of meditation: a meta-analysis. *Psychological bulletin, 138*(6), 1139-1171.

Segal, R., Bhatia, M., & Drapeau, M. (2011). Therapists' perception of benefits and costs of using virtual reality treatments. *Cyberpsychology, Behavior, and Social Networking, 14*(1-2), 29-34.

Senkowski, D., & Heinz, A. (2016). Chronic pain and distorted body image: Implications for multisensory feedback interventions. *Neuroscience & Biobehavioral Reviews, 69*, 252-259.

Sergis, N., Troussas, C., Krouska, A., Tzortzi, C., Bardis, G., & Sgouropoulou, C. (2024). ADHD Dog: A virtual reality intervention incorporating behavioral and sociocultural theories with gamification for enhanced regulation in individuals with attention deficit hyperactivity disorder. *Computers, 13*(2), 46.

ShapesXR Inc. (n.d.). ShapesXR. https://www.shapesxr.com

Skeva, R., Gregg, L., Jay, C., & Pettifer, S. (2021). Assessment of virtual environments for alcohol relapse prevention in a less immersive and cost-effective setup: A qualitative study. *Computers in Human Behavior Reports, 4*, 100120.

Skinner, B. F. (1953). *Science and human behavior*. Free Press.

Slater, M., Banakou, D., Beacco, A., Gallego, J., Macia-Varela, F., & Oliva, R. (2022). A Separate Reality: An Update on Place Illusion and Plausibility in Virtual Reality. *Frontiers in Virtual Reality, 3*, 914392.

Slater, M., Gonzalez-Liencres, C., Haggard, P., Vinkers, C., Gregory-Clarke, R., Jelley, S., Spanlang, B., & Silver, J. (2020). The ethics of realism in virtual and augmented reality. *Frontiers in Virtual Reality, 1*, 1.

Slater, M., Lotto, B., Arnold, M. M., & Sanchez-Vives, M. V. (2009). How we experience immersive virtual environments: The concept of presence and its measurement. *Anuario de Psicología, 40*(2), 193-210.

Smith, V., Warty, R. R., Sursas, J. A., Payne, O., Nair, A., Krishnan, S., da Silva Costa, F., Wallace, E. M., & Vollenhoven, B. (2020). The effectiveness of virtual reality in managing acute pain and anxiety for medical inpatients: Systematic review. *Journal of Medical Internet Research, 22*(11), e17980.

Son, J. H., Lee, S. H., Seok, J., Kee, B., Lee, H. W., Kim, H. J., Lee, T. K., & Han, D. (2015). Virtual reality therapy for the treatment of alcohol dependence: A preliminary investigation with positron emission tomography/computerized tomography. *Journal of Studies on Alcohol and Drugs, 76*(4), 620-627.

Spiegel, J. S. (2018). The ethics of virtual reality technology: Social hazards and public policy recommendations. *Science and engineering ethics, 24*(5), 1537-1550.

Start Beyond. (n.d.). SocialWise VR 인터뷰 https://www.youtube.com/watch?v=I8saiKTzlsA]

TIRPP Inc. (n.d.). https://www.tripp.com/

Top 10 VR Trends of 2024-2025: Future of Virtual Reality. (n.d.). HQSoftware. Retrieved April 27, 2025, from https://hqsoftwarelab.com/blog/virtual-reality-trends/

USC Institute of Creative Technologies. (n.d.). Bravemind. https://ict.usc.edu/ prototypes/bravemind

van Pelt, B. J., Nijman, S. A., van Haren, N. E. M., Veling, W., Pijnenborg,

G. H. M., van Balkom, I. D. C., Landlust, A. M., & Greaves-Lord, K. (2022). Dynamic Interactive Social Cognition Training in Virtual Reality (DiSCoVR) for adults with Autism Spectrum Disorder: A feasibility study. *Research in Autism Spectrum Disorders, 96*, 1-13.

Varlamov, A., & Yakovleva, N. (2022). Distortions of body perception during immersion in computer virtual reality using full-body tracking. *RUDN Journal of Psychology and Pedagogics, 19*(4), 670-688.

VEXLab Inc. (n.d.). SiTh-Self-Insight Therapy Platform. https://vexlab.co.kr

Vianez, A., Marques, A., & Simões de Almeida, R. (2022). Virtual reality exposure therapy for armed forces veterans with post-traumatic stress disorder: A systematic review and focus group. *International Journal of Environmental Research and Public Health, 19*(1), 464.

VRChat Inc. (n.d.). VRChat. https://hello.vrchat.com

VRIJE UNIVERSITEIT AMSTERDAM. (n.d.). ZeroPhobia. https://www.zerophobia.app

Walsh, S., Moseley, G. L., Gray, R. J., Gillam, M., Gunn, K. M., Barker, T., Tran, K., Eshetie, T., & Jones, M. (2022). Use of behavioural activation to manage pain: a systematic scoping review. *BMJ open, 12*(6), e056404.

Walshe, D. G., Lewis, E. J., Kim, S. I., O'Sullivan, K., & Wiederhold, B. K. (2003). Exploring the use of computer games and virtual reality in exposure therapy for fear of driving following a motor vehicle accident. *CyberPsychology & Behavior, 6*(3), 329-334.

Welfel, E. R. (2016). Counseling and psychotherapy ethics (6th ed.). 서영석, 조화진, 최바올, 김민선 공역(2020). 상담 및 심리치료 윤리(제6판). 박영Story.

Wiederhold, B. K., & Wiederhold, M. D. (2005). Virtual reality therapy for anxiety disorders: Advances in evaluation and treatment. *American Psychological Association*.

Wolpe, J. (1958). *Psychotherapy by reciprocal inhibition*. Stanford University

Press.

Wray, T. B., & Emery, N. N. (2022). Feasibility, appropriateness, and willingness to use virtual reality as an adjunct to counseling among addictions counselors. *Substance Use & Misuse, 57*(9), 1470-1477.

XRHealth Inc. (n.d.). XRHealth. https://www.xr.health/us/products/platform/library/

Yang, X., Wu, J., Ma, Y., Yu, J., Cao, H., Zeng, A., Fu, R., Tang, Y., & Ren, Z. (2025). Effectiveness of virtual reality technology interventions in improving the social skills of children and adolescents with autism: Systematic review. *Journal of Medical Internet Research, 27*, e60845.

Yontef, G. M. (1993). *Awareness, dialogue, and process: Essays on Gestalt therapy*. Gestalt Journal Press.

Yun, S. J., Kang, M.-G., Yang, D., Choi, Y., Kim, H., Oh, B., & Seo, H. (2020). Cognitive training using fully immersive, enriched environment virtual reality for patients with mild cognitive impairment and mild dementia: Feasibility and usability study. *JMIR Serious Games, 8*(2), e18127.

Zehetmair, C., Kaufmann, C., Tegeler, I., Kindermann, D., Junne, F., Zipfel, S., Herpertz, S. C., Herzog, W., & Nikendei, C. (2018). Psychotherapeutic group intervention for traumatized male refugees using imaginative stabilization techniques-a pilot study in a German Reception Center. *Frontiers in psychiatry*, *9*, 533.

Zhu, B., Hedman, A., and Li, H. (2017). Designing digital mindfulness: presencein and presence-with versus presence-through, in *Proceedings of the 2017 CHI Conference on Human Factors in Computing Systems* (Association for Computing Machinery), 2685-2695.

찾아보기

저자 소개

김은하(Kim, Eun Ha)

Ohio State University 심리학 박사

미국 Illinois주 공인 심리학자

상담심리사 1급(한국상담심리학회)

전 Adler University 교수

현 아주대학교 심리학과 교수

석혜정(Suk, Hae Jung)

홍익대학교 산업디자인전공 석사

전 비전홀딩스코퍼레이션(구 서울비전) CG 슈퍼바이저

현 아주대학교 디지털미디어학과 교수

㈜벡스랩 대표이사

안현주(An, Hyun Ju)

아주대학교 심리학과 상담심리전공 석사

상담심리사 2급(한국상담심리학회)

현 고려대학교 인권 · 성평등센터 전문상담사

이영진(Lee, Young Jin)

아주대학교 심리학과 상담심리전공 석사

임상심리사 2급(보건복지부)

현 ㈜벡스랩 연구원

장미수(Chang, Mi Su)
이화여자대학교 심리학과 상담심리전공 박사
상담심리사 1급(한국상담심리학회)
청소년상담사 1급(여성가족부)
현 아주대학교 삶의질연구센터 연구교수
대표 저서: 기업상담의 이론과 실제(공저, 학지사, 2021)

조민경(Jo, Min Kyung)
한양대학교 교육학과 상담심리전공 박사
상담심리사 1급(한국상담심리학회)
전 한양대학교 ERICA캠퍼스 상담센터 책임연구원
현 아주대학교 삶의질연구센터 연구교수

상담자를 위한 실용적 가이드
가상현실 상담 및 심리치료
Virtual Reality Counseling and psychotherapy:
A Practical Guide for Counselors

2026년 2월 10일 1판 1쇄 인쇄
2026년 2월 20일 1판 1쇄 발행

지은이 • 김은하 · 석혜정 · 안현주 · 이영진 · 장미수 · 조민경
펴낸이 • 김진환
펴낸곳 • (주) 학지사
04031 서울특별시 마포구 양화로 15길 20 마인드월드빌딩
대표전화 • 02)330-5114 팩스 • 02)324-2345
등록번호 • 제313-2006-000265호

홈페이지 • http://www.hakjisa.co.kr
인스타그램 • https://www.instagram.com/hakjisabook

ISBN 978-89-997-3594-3 93180

정가 16,000원

저자와의 협약으로 인지는 생략합니다.
파본은 구입처에서 교환해 드립니다.